돈이 좋아하는
7가지 말의 주문

돈과의 관계에서 해방되는 2주간의 마법 수업

돈이
좋아하는
7가지
말의 주문

— 하즈키 코에이 지음 · **황미숙** 옮김 —

케이미라클모닝

무조건 도전해야겠다는 생각이다

구마모토현 MT 씨(30대 여성)

- 나를 포함해 주위 사람들 모두가 기뻐할 만한 돈의 사용법을 생각한다.
- 두 마리 토끼를 잡는 '주말 기업'에 도전한다.
- 풍요로움의 파동을 스스로 조율한다.

이 세 가지가 인상적이었고 내게 부족한 부분이 아닐지 싶었다. 어쨌든 이런 좋은 수업을 헛되이 하지 않도록 도전해야겠다고 생각한다.

다른 걱정에서도 해방될 듯한 느낌

후쿠오카현 AN 씨(40세 여성)

요즘 제자리 뛰기를 하면서 감사하다고 말하니, 신나요!《돈이 좋아하는 7가지 말의 주문》을 읽기 시작했는데, 내 일이나 생활에도 적용할 만한 부분이 많네요. 왠지 돈 걱정뿐만 아니라 다른 고민에서도 해방될 것 같은 기분이 들어요. 이제 갓 읽기 시작한 단계라 결과라고 할만한 건 없지만, 이미 풍족해서 감사하며 제자리 뛰기를 하면 신기하게도 마음이 편해지는 것 같아요. 다른 일들도 매일 즐겁게 지속하려고 해요. 감사합니다.

최근 몇 년 동안에 가장 기쁜 일이 생겼어요

도쿄도 YY 씨(30세 여성)

2주 동안의 수업을 마치고 돈에 관한 생각이 완전히 달라지면서 정말로 풍요로워진 기분입니다. 내가 얼마나 축복받은 사람인지 실감하고, 늘 없다고만 생각했던 돈이 사실은 있다는 것을 깨달았어요. 생각하기에 따라 매사가 얼마나 달라지는지. 2주일 동안 여러 가지 항목을 수행하면서 마음에도 여유가 생겼습니다. 가장 큰 기적은 2주일간 수업이 끝난 다음 날('감사합니다'를 세기 시작하고 아직 4,000번 정도 되었어요) 엄청난 경쟁률로 가격이 급상승한 저의 최애 가수 공연 입장권을 공연 직전에 양도받은 일입니다. 게다가 아주 좋은 자리였지요. 최근 몇 년 동안에 가장 기쁜 일이었어요. 이미 이런 기적이 일어났으니, 앞으로 어떤 일이 펼쳐질지 너무 기대됩니다. 정말 감사합니다.

너무 멋진 말입니다

후쿠오카현 TT 씨 (32세 남성)

설레는 마음으로 하루하루 즐겁게 읽었습니다. '무언가를 이렇게 바라보는 시각도 있구나!' 하고 깨달은 바가 많았는데, 특히 제게는 석가모니의 이야기가 신선하게 다가왔어요. 하즈키 씨가 알려준 내용을 그저 독서로만 끝내기는 아까워서 매일 실천하면서 효과를 몸으로 느끼고 있어요. 돈에 대한 가치관이 달라졌다고 이렇게 인생이 즐거워지다니요. 정말로 멋진 말입니다. 감사합니다.

부정적인 생각이 사라졌어요

지바현 MN 씨 (32세 여성)

지금까지 돈에 대해 제대로 생각해 본 적이 없었어요. 2주간 차분히 생각해볼 기회를 얻어 기뻤고(작은 불안이나 두려움은 있었지만), 너무 감사했습니다. 그동안 그저 모른 체 하고 싶었던 돈에 관한 일을 정면으로 마주한 지 2주가 되었네요. 우선 그것 자체가 제게는 큰 변화입니다. 2주 동안의 수업이 끝나고 나니 돈에 대해 생각할 때 늘 부정적인 기분이 들었던 이전과 달리 지금은 돈에 대해 냉정하게 바라보는 제 모습을 보게 되었어요. 저는 그리 야무진 타입은 아니어서 구체적으로 해야 할 일을 알려주니 실천하기 수월하고 마음도 홀가분합니다. 감사합니다.

분명히 멋진 기적을 체험하고 연락드릴 수 있을 것 같아요

도쿄도 TE 씨 (40세 여성)

아직 읽기 시작한 지 얼마 되지 않아 내세울 만한 기적을 체험하지는 못했지만, 분명히 앞으로는 할 수 있으리라 생각해요. 그때 다시 연락 드리겠습니다.

정말 감사합니다

후쿠오카현 MY 씨 (35세 여성)

나에게는 '돈'도 그렇지만 돈뿐만이 아닌 무언가가 부족하다고 생각했다. 감사하는 마음도 잘 낼 수가 없었다. 당연하게 여기며 깨닫지 못한 것들을 이 책을 읽고 다시 생각하게 되었다. 얼른 이 책에 받은 많은 도움을 많은 사람에게 알릴 수 있기를 바란다. 정말로 감사드린다.

깜짝 놀랐습니다

히로시마현 AM 씨 (40대 여성)

2주 동안 메일로 수업을 들었습니다. 이사를 해서 바쁘고 돈도 많이 들었죠. '괜찮아 어떻게든 될 거야'라고 중얼거리며 지냈습니다.
그런데 전에 살던 아파트 보증금이 예상보다 빨리 들어와서 놀랐어요. 게다가 얼마 전에 청구한 보험금도 제가 생각했던 것보다는 큰 금액이 들어왔네요. 정말 놀랐습니다. 신은 정말 계신다는 생각이 들었어요.

또 기분 좋은 수입이 있을 거라고 확신하므로 더 이상 두렵지 않아요. 청소도 열심히 하고 있습니다. 또 변화가 있으면 편지 드릴게요. 감사합니다.

살아있는 것만으로도 돈이 '있다'라고 생각하게 되었습니다

니가타현 EO 씨 (37세 여성)

아직 수업을 듣는 중입니다. 원래부터 돈이 없다고 생각하지는 않았지만, 일을 그만두고 돈이 필요하게 되었을 때 신기하게도 여러 일이 들어오면서 돈 걱정이 사라졌습니다. 신사 참배는 거의 못 가서 편의점에 들렀을 때만이라도 모금함에 돈을 넣고 있습니다. 하즈키 씨의 수업을 듣고 바뀐 것 같아요. 감사합니다. 살아있는 것만으로도 돈이 '있다'라고 생각하게 되었습니다.

'감사합니다'라는 최고의 주문

나가사키현 아유 씨 (44세 여성)

2주 동안의 수업 감사합니다. 제가 얼마나 풍요롭고 행복한지를 실감했습니다. 항상 고민이 많았는데 마음이 가벼워졌습니다. 제게 '감사합니다'라는 최고의 주문입니다.

6월에는 이시가키섬 여행, 7월에는 태국 여행에 초대받았습니다

오키나와현 Sachie 씨 (41세 여성)

마법의 주문 '감사합니다'를 하루에 천 번, '미안합니다. 용서해 주세요. 감사합니다. 사랑합니다'를 백 번, 화장실 청소를 매일 반복하고 있습니다. 그러자 부업을 통해 올해 6월에는 이시가키섬 여행, 그리고 7월에는 태국 여행에 초대 받았습니다. 9월에는 본업인 회사에서 닛코와 후쿠시마로 출장이라는 이름의 온천 여행을 가게 되었어요. 제 돈은 정말 최소한으로 들이고 여행을 갈 수 있게 되었답니다.지금 가진 것에 감사하면서 앞으로도 이 수업의 주문을 외워가며 멋진 하루하루를 보내고자 합니다.

기분이 개운해졌습니다

이시가와현 momo 씨 (52세 여성)

2주 만에 돈 고민이 사라진다니, 기대 속에서 수업을 듣고 있습니다. 기존의 하즈키 씨가 낸 CD와 DVD, 서적 등을 통해 접해온 생각의 관점을 바꾸기와 깊이 있는 이야기가 많이 나오네요. 신사에 헌금도 합니다. 얼마 전 축제가 있었을 때 평소보다 많은 금액을 하얀 봉투에 넣어 헌금했어요. 기분이 한결 좋아졌어요. 감사합니다.

반복해서 읽으며 익히고 싶습니다

지바현 mayu 씨 (40세 여성)

이 수업을 듣길 정말 잘했다 싶었습니다. 전혀 알지 못했던 저의 돈에 대한 잘못된 생각을 깨달을 수 있었습니다. 저는 오랫동안 돈은 조금 부족한 정도가 낫다는 무서운 착각을 하고 살았습니다. 긴장감 드라마를 좋아하다 보니, 돈이 있으면 사건 사고에 휘말릴 거라던가 돈이 사람을 바꾼다는 부정적인 생각이 무의식중에 자리하고 있었던 것 같아요. 오랫동안 갖고 있던 생각을 씻어내기가 쉽지는 않지만, 이 수업이 변화의 계기가 되리라 확신해요. 정말로 감사합니다. 앞으로도 반복해서 읽으면서 제 것으로 만들어 나가겠습니다. 괜찮아 어떻게든 될 거야.

하즈키 씨의 체험이 정말 생생하게 와 닿았습니다

오사카부 기미에 씨 (45세 여성)

안녕하세요. 그동안에도 돈 관련 책은 많이 읽었는데 다들 내용이 비슷했어요. 그런데 이 수업은 매우 구체적이고 또 하즈키 씨의 체험이 생생하게 전달되었어요. 마지막까지 읽고 나니 제게 깨달음을 주기 위한 수업이라는 생각이 듭니다. 제게 정말 필요한 것이었어요. 정말 감사합니다.

수업을 듣고 돈은 에너지이므로 써야 한다는 것을 깨달았습니다

오사카부 이케 씨 (31세 남성)

수업을 듣기 전에는 돈을 모으려고만 했는데, 수업을 듣고 돈은 에너지이기 때문에 써야 한다는 깨달음을 얻었어요. 이것이 굉장히 중요하다는 걸 알았습니다. 감사합니다.

부정적인 생각들이 사라졌습니다

아키타현 미라코 씨 (32세 여성)

내놓는 것이 먼저라는 법칙이 돈뿐만 아니라 여러 가지 일에 적용된다는 것을 실생활을 통해 느끼고 있습니다. 돈이 물건이 아닌 에너지임을 깨닫자, 신기하게도 낭비하거나 초조함을 느끼는 일이 조금씩 줄어들었고 부정적인 생각이 사라졌습니다. 앞으로도 주문을 외우도록 하겠습니다. 정말로 감사합니다.

확실히 에너지가 순환하기 시작했다고 믿고 있습니다

미에현 샤리린 씨 (43세 여성)

저는 무용가이자 무용 강사를 하고 있습니다. 이 수업을 수강한 후부터 학생들이 늘어났습니다. 돈에 대한 불안이 완전히 없어진 것은 아니지만, 제가 원하는 일에서 확실하게 에너지 순환이 되고 있다는 것을 느낍니다. 정말로 감사합니다.

앞으로 얼마나 풍요로워질지 설레고 기대됩니다

도쿄도 NN 씨 (32세 여성)

도움이 되는 많은 이야기 중에서도 네 번째 마법의 주문 '감사합니다'가 강렬했습니다. 읽자마자 '감사합니다'를 외치기 시작한 저는 일상생활 속에서 쉽게 실행하기 위해서 한 가지 규칙을 정했어요. 바로 엘리베이터에 타고 있을 때 큰 소리로 말하는 것입니다. 그러자 처음에는 작은 행운이 찾아왔습니다. 몇 년 전에 분실한 포인트 카드를 갑자기 발견했는데 알아보니 꽤 많은 금액이 쌓여 있었죠. 방 청소를 하다 상품권이 나오기도 했고요. 그런 행운은 점점 커지더니, 담당하던 신상품 tv와 관련한 취재 의뢰를 요청받거나, 존경하던 유명 인사에게 점심 초대를 받고 또 독립한다면 도와주겠다는 사람이 나타나기도 했어요. 게다가 당장 월급이 오를 가능성은 없다고 생각했던 회사에서도 진심으로 만족할 수 있는 금액을 제시해 왔습니다. 이것은 단 6주 사이에 일어난 일이에요. 앞으로 어떤 풍요로움이 저를 찾아올지 정말 설렙니다. 진심으로 감사드립니다.

무한한 풍요로움이 제게 쏟아질 것을 예감합니다

이시가와현 mm 씨 (38세 여성)

수업을 듣고 효과가 있는지 솔직히 잘 모르겠습니다. 생활은 아무것도 달라진 것이 없거든요. 하지만 왠지 모르게 예감이 좋아요. 무한한 풍요로움이 저한테 쏟아질 것 같은 예감이요. 좀 이상하지만 그런 느낌이 드니까 그렇게 생각하기로 마음먹었습니다. 마치 마법에 걸린 것 같아요.

이 수업을 듣길 정말 잘했습니다.

오사카부 히라치 씨 (52세 여성)

'감사합니다'라는 말이 정말로 기적을 일으킨다는 것을 실감했습니다. 사소한 일이라도 이 말을 입에 담으면 운이 좋은 방향으로 흘러가요. 미소와 '감사합니다' 말하기, 신사 참배는 계속할게요. 다음은 지갑을 바꿀 차례입니다. 이 수업을 수강하기를 정말 잘했다고 생각합니다. 감사합니다.

매출이 3배로 뛰었어요

후쿠이현 AI. 씨 (35세 여성)

이 수업을 계기로 집은 물론이고 경영하던 가게 화장실 청소를 매일 아침 솔선해서 했습니다. 마법의 주문 '감사합니다'와 화장실 청소 두 가지를 세트로 말이지요. 좋은 일이 있으면 좋겠다는 정도의 가벼운 마음으로요. 이틀 정도 지났을 때의 일입니다. 원래 기온 변동이 심해서 컨디션이 좋지 않은 손님이 많아서인지 그 주에 예약 취소가 이어졌고, 태풍 탓인지 가게의 예약 상황이 그다지 좋지 않았습니다. 직원들의 사기도 왠지 떨어진 것 같았고요. 저도 기운이 없었는데 마법의 주문을 외우면서 화장실 청소를 계속했어요. 그러자 이틀 후에 당일 예약이 계속 들어오는 게 아니겠어요? 가게는 활기를 되찾았습니다. 그날 매출은 무려 평소의 3배였어요. 정말 놀랐습니다. 앞으로도 감사의 말과 화장실 청소를 계속하면서 좋은 에너지로 풍요로워지기를 바랍니다. 좋은 계기를 만들어주셔서 감사합니다.

먼저 내놓았더니 새 차를 선물받았습니다

기후현 TO 씨 (41세 남성)

저의 기적 체험도 보고드립니다. 저와 아내는 각각 차를 가지고 있었습니다. 그러다 두 대가 필요하지 않다는 생각이 들어서 마침 차가 필요하던 이전의 근무처에 양도했습니다. 차 대금은 나중에 받기로 하고 말이지요. 그로부터 일주일이 지났을 때였나요. 장인어른이 전화를 걸어 차가 없으면 불편하지 않으냐고 하셨어요. 그러고는 새 차를 사주시는 게 아니겠어요? 전혀 부탁드리지 않았는데 말이에요. 게다가 브랜드와 차종이 제가 1년 전에 구입하려 했던 차와 같았어요. 물론 장인어른은 그 사실은 전혀 모르십니다. 그야말로 기적이지요. 돈은 한 푼도 들이지 않았는데 저는 새 차를 타고 있습니다.

이 수업을 통해 배운 많은 실천 사항은 모두 저에게 의미 있고 매우 알찬 것들입니다. 앞으로의 저의 성장이 매우 기대됩니다.

도쿄도 thankyou 씨 (47세 여성)

여자 친구와 사이가 좋아졌습니다.

지바현 TK 씨 (24세 남성)

청소는 전부터 쭉 하고 싶었는데도 좀처럼 실천하지 못했는데요. 해야겠다는 마음에 박차를 가해서 진행 중입니다. 잘하고 있습니다. 감사합니다.

교토부 하루미 씨 (50세 여성)

지금까지 돈에 관해 여러 가지 책을 읽어보고 강의를 들었는데, 이렇게 알기 쉽게 설명해 준 건 처음입니다.

시즈오카현 니코가쿠 씨 (41세 여성)

1일 차부터 완전히 새로운 경험이었습니다.

아이치현 남뽀뽀 씨 (40세 여성)

수강생의 목소리

자연스레 '감사합니다'가 나오는 저를 보고 깜짝 놀랐습니다.

도쿄도 모리마 씨 (47세 남성)

돈에 관한 생각이 바뀌었어요. 바뀌었다기보다 마음이 편해졌습니다.

후쿠오카현 NC 씨 (30세 남성)

저는 당장 마법의 지갑을 구입했습니다. 왠지 모르게 여러 면에서 긍정적이고 진취적인 느낌이 들어요.

가나가와현 아코린 씨 (43세 여성)

매일 실천 연습과 수업을 하다 보니까 매우 기분이 좋아지고 자연스럽게 미소가 지어지며 마음이 편안해졌습니다.

오사카부 유미 씨 (47세 여성)

돈이 사라지는 두려움보다도 필요한 만큼 있으면 된다고 생각하는 저의 변화에 놀라고 있습니다.

미야자키현 AW 씨 (30대 여성)

앞으로 모든 일이 잘될 것을 증명하듯이 수업을 다시 한번 돌이켜보면서 성장을 위해 노력하고자 합니다.

홋카이도 키보 씨 (45세 여성)

돈을 전기에 비유하거나 자녀가 돈을 더 달라고 했을 때의 상황 예시 등이 정말로 알기 쉽고 재미있었습니다.

홋카이도 호빈 씨 (26세 여성)

수업을 시작하기 전에는 항상 돈에 대한 걱정이 있었습니다. 수업을 시작하고 나서부터 점차 수중에 돈이 많지 않아도 불안하지 않게 되었습니다.

지바현 MK 씨 (30대 남성)

몇 번씩 읽으면서 이해하고 실천하려고 합니다.

나가사키현 루나 씨 (35세 여성)

훌륭한 수업 감사합니다.

아이치현 NT 씨 (40대 남성)

지금까지 저는 돈이 들어오는 것만 생각했는데, 가급적 쓰는 방법에도 신경을 쓰겠습니다. 그러면 낭비가 줄어들 테니까요.

오이타현 HK 씨 (51세 여성)

수강생의 목소리

첫 번째와 두 번째 마법의 주문만으로도 풍요로워지는 기분이 들어요.

도쿄도 TS 씨 (20세 학생)

아르바이트 연수가 힘들 때 '감사합니다'라고 말해보니 미소가 지어지기에 열심히 사용하고 있습니다.

후쿠시마현 MIKA 씨 (30세 여성)

돈 걱정이 사라진 느낌이 드는 요즘입니다. 감사합니다.

구마모토현 ST 씨 (50대 여성)

'감사합니다'라고 말하기 전까지 저는 부정적으로 사고하고 입꼬리도 내려가 있었어요. '감사합니다'라는 마법의 주문을 말하면서 입꼬리가 자연스럽게 올라가고 직장에서도 인간관계의 고민이 사라졌습니다.

도쿄도 고케시 씨 (26세 여성)

돈에 대한 저의 가치관이 완전히 달라졌습니다. 괜찮아, 곤란한 일은 생기지 않을 거야, 모든 것은 잘될 거야, 필요한 것은 필요할 때 나에게 찾아올 거라는 감각이 제 안에서도 확실히 싹트기 시작했습니다.

도야마현 YN 씨 (35세 남성)

당장 부업 의뢰가 들어와서 놀랐는데, 효과가 있다고 생각하니까 설렙니다.

군마현 마나 씨 (43세 여성)

결혼 전에 좋아했던 사람에게서 메일이 왔습니다.

미야자키현 MM 씨 (40대 여성)

우리는 '감사합니다'의 힘을 많이 받으며 살고 있네요. 앞으로도 잘 부탁드립니다.

미에현 AO 씨 (50대 여성)

돈은 전기와 마찬가지로 에너지라는 사실이 매우 충격적이었습니다. 이 기쁨을 많은 사람에게 전하고 싶어요.

니가타현 니아모 씨 (30세 여성)

가슴이 시원해지고 막혀 있던 것이 뻥 뚫리는 느낌입니다. 신기하네요.

구마모토현 고지라 씨 (48세 여성)

에너지가 돈이 아닌 형태로 돌아오기도 한다는 것을 깨달았습니다.

도쿄도 RT 씨 (42세 여성)

수강생의 목소리

앞으로도 '감사합니다'를 실천하고 배우자와 좋은 관계를 지속하겠습니다.

미야자키현 EY 씨 (40대 여성)

감사합니다. 정말로 즐거웠습니다.

가나자와현 YW 씨 (40대 남성)

수업을 듣고 돈에 관한 생각이 달라졌습니다.

후쿠오카현 MF 씨 (36세 여성)

쇼핑하러 가도 전에는 돈이 없으니까 살 수 없다고 생각했는데, 그런 생각이 사라지고 정말로 필요한 물건을 사게 되었어요. 진심으로 쇼핑이 즐거워지고 이 변화가 기쁩니다.

아키타현 MK 씨 (30대 여성)

가계부와 저를 위한 장부를 2개 작성하게 되었습니다.

미야자키현 KM 사 (43세 여성)

CONTENTS

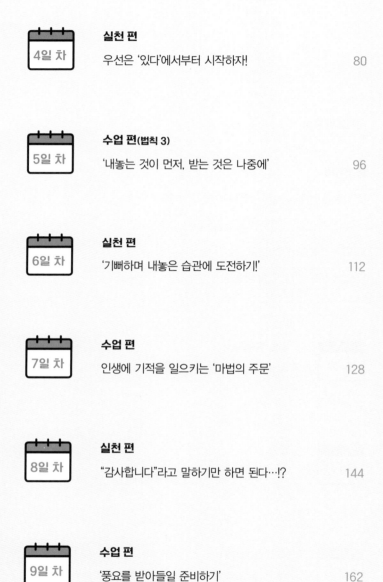

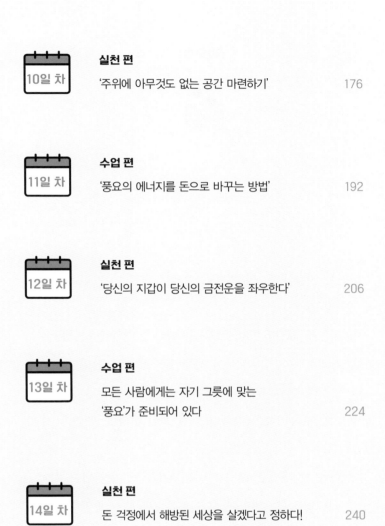

들어가며

당신은 지갑에 든 만 원짜리 지폐를 지금 이 자리에서 찢을 수 있나요?

이 질문에 망설임 없이 찢을 수 있다고 대답한 사람은 시간 낭비일 뿐이니 더 이상 이 책을 읽지 않아도 됩니다.

하지만 한순간이라도 '뭐?'라고 생각하며 주저하거나 '돈을 어떻게 찢나'라고 생각했다면 이 책이 상당히 도움 될 수 있습니다.

'찢을 수 있다'라고 대답한 분도 '지금 제 눈앞에서 실제로 찢어보세요'라는 말을 들으면 보통 긴장해서 손이 떨리거나 얼굴이 붉어지는 등 평소와는 다른 반응을 보입니다.

저는 아무렇지도 않게 만 원짜리 지폐를 찢어버리는 분을 아직 보지 못했어요.

이는 냉정하게 또 물리적으로 생각하면 너무나도 이상한 일입니다.

보통의 어른이라면 만 원짜리 정도의 작은 종잇조각을 물리적으로 찢지 못할 리가 없거든요. 실제로 같은 크기의 복사 용지를 건네면 모두 아무런 망설임 없이 찢을 것입니다.

그런데도 위인이나 유명인의 초상이 인쇄된 지폐를 마주하는 순간 마법에라도 걸린 사람처럼 찢지 못합니다.

도대체 왜 이런 일이 생길까요?

우리는 이 작은 종잇조각이 가진 어떤 마법에 걸린 걸까요?

이 수수께끼를 푸는 것이 이 수업의 목적이며, 그 마법이 풀린 순간 당신이 지금껏 가지고 있던 '돈 걱정'에서 시원하게 해방될 수 있습니다.

어떤가요? 조금 흥미가 생기기 시작했나요?

이 책은 저, 하즈키 코에이가 체험한 바를 근거로 '돈에 대한 불안과 걱정에서 해방되고 싶다', '돈과 좀 더 사이좋게 지내고 싶다', '돈의 풍요로움을 마음껏 누리고 싶다'라고 생각하는 당신을 위해 정리한 '14일간 돈 걱정에서 해방되는' 실천적인 강의 프로그램입니다.

앞서 나온 '수강생의 목소리'는 메일로 수업을 진행한 분들이 보내주신 의견입니다.

어떻게 그런 마법 같은 일들이 실제로 일어날 수 있을까요?

그 이유를 알고 싶지 않나요?

이유를 운운하는 것보다도 스스로 그런 기적을 실제로 경험해 보고 싶지 않나요?

돈 버는 재주가 아무리 뛰어나거나 아무리 많은 자산을 손에 넣었다고 해도 그것만으로는 돈 걱정에서 벗어날 수 없습니다.

이 프로그램에서 전달하는 '돈에 관한 마법의 법칙'을 익히지 않는 한 돈 걱정에서 해방되는 길은 없다고 단언할 수 있어요!

하지만 괜찮습니다!

이 프로그램에 따라 '마법의 법칙'과 '마법의 주문'을 실천하면 자연스레 돈 걱정에서 해방되고 생각하지도 못한 기적을 경험하게 될 테니까요.

그럼 14일 후에 돈 걱정에서 벗어나 새로 태어난 당신의 모습을 기대하며 수업을 시작하겠습니다.

— 하즈키 코에이

[마법의 수업]을 시작하기 전의 [마법의 안내문]

[마법의 수업]을 시작하기 전에 꼭 말해두어야 할 전제 조건이 있습니다.

특별히 어려운 내용은 없지만 매우 중요하니 잠시만 집중해 주세요.

'들어가며'에서도 적었지만, 물리적으로 작은 종잇조각에 불과한 지폐를 찢지 못하는 이유는 무엇일까요?

그것은 우리가 그 종이를 '만 원짜리 지폐'라고 생각해서입니다. 그 종잇조각에 특별한 가치를 부여하고 소중한 물건으로 인식하고 있기 때문이지요.

하지만 그 인식이 정말로 맞는 걸까요? 옳다고 할 수 있을까요?

그 인식은 당신의 행복과 풍요로움에 제대로 기여하고 있나요?

돈에 대한 이런 소박한 의문을 품는 것은 이 수업을 진행하는 데 매우 중요한 핵심입니다.

이러한 관점을 잊지 않기 위한 '마법의 질문'은 바로 아래의 두 가지입니다.

- '물과 돈 중에서 생명을 위해 더 소중한 것은 무엇인가요?'
- '전기와 돈 중에서 일상생활에 꼭 필요한 것은 무엇인가요?'

냉정하게 생각해 보면 답은 쉽게 나올 것입니다.

아무리 많은 돈이 있어도 그 '돈=지폐, 동전' 자체로 생명을 유지할 수는 없으니까요. 돈은 먹을 수도 없고, 갈증을 해소하지도 못합니다.

세계에는 적은 수이긴 하지만 돈이 없어도 살아가는 사람들이 존재합니다. 하지만 물을 마시지 않고 사는 사람은 아직 보지 못했어요.

생명의 관점에서 보면 당연히 돈보다 물이 중요합니다.

가령 지진이나 홍수 등 자연재해를 입어서 대규모 정전이 발생한 경우, 돈만 내면 필요한 전기를 구할 수 있을까요?

지금 일본에서 전기가 없으면 거의 모든 도시의 기능이 마비됩니다. 텔레비전과 컴퓨터, 휴대전화를 쓸 수 없고 엘리베이터가 멈추며, 물도 나오지 않게 되지요. 교통수단이 멈추고, 물류가 정지되니 물건을 구할 수 없습니다. 그런 상황에 빠지면 아무리 돈이 많아도 도움이 되지 않아요.

평범하게 도시 생활하는 사람에게 전기와 돈 중에 무엇이 우리 생활과 직결되는지 묻는다면 전기가 더 중요하지 않을까요?

그런데도 우리는 물이나 전기보다 돈을 더 소중하게 생각합니다.

물이나 전기는 저축하려고 생각하지 않으면서 돈은 꼭 모아두려고 하지요.

지금까지 당연하게 여겼던 이런 생각에 의문을 품어보는 것이 '마법의 수업'의 출발점입니다.

물과 전기와 돈, 사실 이 세 가지에는 공통점이 있습니다.

이것을 찾아내는 일이야말로 수업을 시작하기 전 매우 중요한 전제 조건입니다.

그 공통점은 바로 이 세 가지가 모두 에너지라는 사실입니다.

그것을 사용해서 구체적인 현상을 일으키는 것이 '에너지를 갖고 있다'라는 증거입니다.

물은 기체, 액체, 고체로 모습을 바꾸면서 모든 생명에 살아갈 수 있는 에너지를 늘 공급하고 있어요. 또 수력발전처럼 우리 생활에 직결되는 에너지원이 되기도 합니다.

전기는 눈에는 보이지 않지만, 우리 생활을 뒷받침하는 중요한 에너지원이라는 사실에는 아무도 이견이 없을 것입니다.

이와 마찬가지로 '돈'이 있으면 밥을 사 먹거나 필요한 물건을 사고 원하는 곳으로 이동할 수 있어요.

이는 '돈'이 가진 에너지가 다른 에너지, 즉 음식이나 상품, 교통수단이라는 에너지로 변환된 결과입니다.

수업하면서 천천히 그것에 대한 증명을 설명하기로 하고, 여기서는 우선 '돈도 물과 전기처럼 그 본질은 에너지'라는 사실만 기억해 두세요.

이것이야말로 이 수업을 시작하기 전에 알아야 할 가장 중요한 전제 조건이며, 당신의 돈 걱정을 날려줄 첫걸음입니다.

[마법의 수업]을 더 효과적으로 활용하기 위해 중요한 것

이 책에서 배우는 기본적인 수업 프로그램은 크게 두 가지로 나눌 수 있어요.

[법칙 전수 편(수업)]과 [법칙 실천 편(실천 사항)]입니다.

'수업'은 '마법의 법칙'에 대한 내용과 이론, 메커니즘을 배우는 프로그램이고 '실천 사항'은 배운 법칙을 실제로 일상생활에서 적용하는 실천 연습 편에 해당합니다.

마치 운전 학원에서 운전을 배울 때 이론과 실기(도로 주행)가 있는 것과 같습니다. 물론 실기만 배워도 충분히 활용할 수 있지만, 이론을 통해 '마법의 법칙의 메커니즘'을 정확히 이해하면 '마법의 주문'이 큰 효과를 거두고 문제가 생겼을 때도 침착하게 대처할 수 있습니다.

'수업'을 마친 후에는 '실천 연습', 그리고 또 '수업'이 이어지는 형태로 하루하루 번갈아 커리큘럼을 짰으니 확실하고도 효과적으로 배울 수 있습니다.

이 책을 한 번에 읽어도 되지만, 더 좋은 효과를 원한다면 매일 한 단원씩 읽기를 권합니다.

'급하면 돌아가라'라는 말도 있듯이 매일 조금씩 실천하는 편이 결국 더 큰 성과를 얻게 됩니다.

서두르지 말고 꾸준히 실천하면 14일 후에는 분명 당신의 돈 걱정이 사라질 것입니다.

그럼 시작해 볼까요?

[마법의 주문]에 관한 여덟 가지 약속

이 책에서 전달하는 '마법의 법칙' 중에서 특히 중요한 것이 바로 '마법의 주문'입니다. 이 '주문'이 없다면 '마법의 수업'도 없지요.

그런데 이렇게 중요한 '마법의 주문'을 사용하기에 앞서 기억하고 지켜야 할 '여덟 가지 약속'이 있습니다.

'주문'이란 말 그대로 '말을 계속하여 바람을 이루고 기적을 일으키는 것'입니다.

그러니 당신의 의지보다도 말로 나오는 '주문'의 힘이 인생에 더 큰 영향을 준다는 사실을 명심하세요.

다음 여덟 가지 약속을 기억하고 '마법의 주문'을 즐겁게 사용하여 바라는 기적을 마음껏 체험하기를 바랍니다.

[마법의 주문] 여덟 가지 약속

1. 돈 걱정에서 해방되고 싶지 않은 분, 나답게 여유롭게 사는 일에 관심이 없는 분, 행복한 부자가 되고 싶지 않은 분, 인생에서 기적을 경험하고 싶지 않은 분은 사용하지 마시기 바랍니다.

2. '마법의 주문' 사용법은 그저 소리 내어 말하는 것뿐입니다. 반대로 아무리 머릿속에서 같은 말을 생각해도 직접 소리 내어 말하지 않으면 효과를 기대할 수 없으

니, 주의하세요.

3. '마법의 주문'은 믿음과는 전혀 관계가 없습니다. 말하
   기만 하면 확실히 효과가 나타납니다. 중요한 것은 '질
   보다 양'입니다. 결과를 빨리 얻고 싶다면 말로만이라
   도 계속 복창하기를 추천합니다.

4. '마법의 주문'을 장난으로 여기지 마세요. '마법의 주문'
   을 말하기 시작하면 당신의 머릿속에서 생각하는 것과
   무관하게 내뱉은 '말'에 맞는 효과가 나타나니까요.

5. '마법의 주문'을 사용할 때는 진지하면서도 즐겁고, 편
   안한 상태여야 합니다. 억지로 애쓰거나 필사적으로 노
   력하면 본래의 효과를 얻기 힘듭니다.

6. '마법의 주문'은 부정적인 말을 싫어합니다. 특히 '불평',
   '험담', '지적', '불만', '우는소리' 등의 말과 '마법의 주
   문'을 함께 사용하면 제대로 된 효과를 얻기 힘드니 주
   의하세요.

들어가며

7. '마법의 주문'의 효과가 나타날 때까지 걸리는 시간은 사람마다 다릅니다. 다만 당신이 '마법의 주문'을 계속 쓴다면 효과가 사라지지 않으므로 효과가 나타날 때까지 계속하세요.

8. '마법의 주문'을 사용하기 시작하면 그 효과가 현상으로 나타납니다. 그중에는 언뜻 좋지 않은 일로 보이는 것이 있을 수 있습니다. 이는 '호전 현상'으로 '모든 일이 잘 풀리기 위해' 나타나는 일시적인 현상이므로 안심하고 '마법의 주문'을 지속하면 됩니다.

이상의 '여덟 가지 약속'에 따라 용법, 순서, 시간 등을 지키면서 '마법의 주문'을 바르게 사용하면 분명 '마법의 효과'를 경험하게 될 것입니다. '마법의 주문'을 통해 당신의 돈 걱정도 사라지는 방향으로 개선될 테니, 효과를 기대하며 '말'을 충분히 활용해 보세요.

법칙 1

‘돈은
~~~~~~~~~~~~~~~~~~~~~~~
우리의

의식 에너지’
~~~~~~~~~~~~~~~~~~~~~~~

안녕하세요. 다시 인사드립니다. 하즈키 코에이입니다.

갑작스럽지만 먼저 한 가지 질문을 드릴게요.

당신은 '돈'에 대해서 제대로 배운 적이 있나요?

여기서 말하는 돈이란 비즈니스나 돈벌이, 회계나 경리, 투자나 자산운용을 말하는 게 아닙니다. 더욱 근본적이고도 근원적인 '돈' 자체를 진지하게 생각해 본 적이 있나요?

사실 저는 대학에 다닐 때 '돈'에 대해 조금 배운 적이 있습니다. 대학 세미나에서 '돈의 의미론'이라는 주제의 강의를 들은 적이 있거든요.

'돈의 의미를 생각하다'라는 주제로 열린 경제학 세미나였는데 '도대체 돈이란 무엇인가?'를 근본적으로 생각하고 논의하는 수업을 들으며 '돈은 단순한 기호, 상징'이라는 것을 배웠어요.

그때는 그런가 보다 하고 들었는데 '돈은 단순한 기호, 상징'이라는 사고방식은 이후에도 제 인상에 깊이 남아 있었습니다.

그 사고방식과 제가 수십 년 동안 탐구해 온 '눈에 보이지 않는 세계'를 통해 배운 영적인 지혜가 어느 날 갑자기 연결된 것입니다.

'그렇구나! 돈이 그런 거였구나' 하고 무릎을 치게 된 순간이었지요.

저는 깨달았어요. 깨달음이란 무언가 특별한 것이나 기적 같은 현상을 가리키는 것이 아니라, 일상 어디에나 있는 '사소한 알아차림'입니다.

'과연! 그렇구나! 알았다! 이해된다!'는 느낌.

그것이야말로 '사소한 알아차림'='깨달음' 그 자체입니다.

당신도 일상에서 그런 느낌을 무수히 경험했을 거예요.

그런데 이 '돈'에 관한 '사소한 알아차림'='깨달음'은 제게 매우 큰 의미가 있었습니다. 그때까지 저를 고통스럽게 했던 '돈'에 대한 시각과 생각이 완전히 달라졌기 때문이지요.

덕분에 그날 이후로 '돈'에 관한 대부분의 고민과 걱정, 불안, 두려움 등의 부정적인 감정에서 해방되었습니다.

물론 인간이기 때문에 사는 동안 돈에 관한 고민에서 완전히 벗어날 수는 없을지도 몰라요.

하지만 돈에 대해 이리저리 걱정하느라 아무 일도 못 하거나, 미래에 대한 불안으로 돈을 모으려고 하거나, 돈에 집착하여 인간관계가 나빠지는 문제에서는 해방된 거나 다름없습니다.

저는 회사를 경영하고 있으니, 그전까지 현실적으로 자금 조달 등 돈 문제로 골머리를 앓는 일이 자주 있었어요.

그런데 돈 걱정이 사라지자, 희한하게도 돈이 들어오고 나가면서 회사가 잘 굴러가지, 뭐예요.

필요한 때에 필요한 만큼의 돈이 돌아오는 식으로 말입니다.

그때 비로소 이것이 '자금 회전이 좋은 상태'라는 것을 실감했어요.

어떤가요? 당신도 돈 걱정에서 해방되어 더 자유롭고 나다운 모습으로 살고 싶지 않나요?

만약 당신이 그런 바람을 갖고 있다면 이 수업 프로그램은 반드시 도움이 될 겁니다.

단, 미리 말해두지만, 이 수업은 돈을 불리는 방법이나 투자 기술을 알려주는 것이 아닙니다.

이 수업을 받았다고 해서 복권에 당첨되거나 현재 수입이나 저금, 재산이 갑자기 늘어나서 쉽게 부자가 되지는 않습니다.

하지만 분명하게 말씀드릴 수 있는 건 이 수업을 듣고 매번 나오는 실천 연습에 진지하고 성실하게 임하면서 '마법의 주문'을 사용하면 '돈'에 대한 시각과 생각이 달라진다는 사실입니다.

돈에 대한 걱정, 불안, 두려움이 사라지고 문득 '돈에 대해 생각하지 않고 있었어', '어느새 돈 걱정이 사라졌어'라는 상태로 이끄는 것이 이 수업의 목적입니다.

아시겠어요? 이 수업의 목적을 정확히 알아두시기 바랍니다.

그럼 본론으로 돌아갈게요.

애당초 '돈'이란 무엇일까요?

돈은 '**인류 역사상 최대의 발명품**'입니다.

돈이 없었다면 문명이 이 정도로 발전하지는 못했을 것입니다.

물물교환을 계속했다면 오늘날의 경제발전은 없었을 테고, 세상이 이렇게 풍요로워지지도 않았겠지요. 지금 우리가 이렇게 편리하고 쾌적하게 생활하는 것도 '돈'이라는 '발명품' 덕분임이 틀림없습니다.

하지만 '돈'이 생겨난 덕분에 빈부의 격차가 커지고, 전쟁이 확대되고, 지구환경이 급속히 파괴되고 있는 것도 의심의 여지가 없는 사실입니다.

그렇다면 '돈'은 우리에게 '천사'의 물건일까요? '악마'의 도구일까요?

어떻게 생각하시나요?

여기에는 우리가 진정으로 풍요로워지지 못하는 원인이 숨어있습니다.

제가 대학에서 배웠듯이 '돈은 단순한 기호, 상징'에 불과합니다.

'우회전 가능'이라는 표식은 좋고 '진입 금지'라는 표식이 나쁜 것이 아니듯, '돈'은 천사도 아니고 악마도 아닙니다.

이 세상에 '좋은 돈'과 '나쁜 돈'이 존재하는 것이 아니라는 이야기입니다.

'돈'은 물질적으로 보면 단순한 종잇조각일 뿐입니다.

그 종잇조각이 현실에서 '돈'으로 유통되는 까닭은 무엇일까요?

그것은 바로 우리가 '돈'에 에너지를 부여했기 때문입니다.

본래는 아무런 에너지도 없는 '종잇조각'에 불과한' 것을 우리가 '돈'으로 인정한 순간 돈에는 의식 에너지라는 생명이 깃드는 것입니다.

그렇기에 우리는 물질적으로는 그저 종잇조각에 지나지 않는 만 원짜리를 찢지 못하는 것이지요. 이 사실이야말로 우리의 의식이 '돈'에 에너지를 부여하고 있다는 증거라고 할 수 있어요.

우리의 의식은 눈에 보이지는 않는 에너지를 가지고 있습니다.

눈에 보이지 않는 에너지인 전기가 분명한 현상을 일으키듯이 우리의 '의식'이라는 에너지도 눈에는 안 보이지만 매일 여러 가지 현상을 일으킵니다.

예를 들어 당신이 '출근해야지!'라고 생각하지 않으면 다리가 제멋대로 회사로 가지 않지요. '라면을 먹어야겠어'라고 의식하지 않는데도 라면이 눈앞에 나타나는 일은 없습니다.

이 세상에서 우리가 무언가를 '의식'하지 않는다면 무언가가 움직이거나 현상화되는 일은 없습니다. 즉 세상에서 무언가가 일어나는 것은 모두 우리 의식 에너지가 주는 선물인 셈입니다.

'돈'은 그런 우리의 의식 에너지를 형상화한 것입니다.

'돈만 있으면 뭐든지 할 수 있다'라고 생각하는 것은 이 의식 에너지 때문입니다. 정말로 무엇이든 만들어 낼 수 있는 것은 '돈'이 아니라, 돈에 깃든 우리의 '의식 에너지'인 것이지요.

'돈'이라는 것이 생겨나고 현재 전 세계에서 유통되고 있는 것도 우리가 그 상태를 바라고 인정하고 '의식 에너지'를 부여했기 때문입니다.

다만, 우리가 태어났을 때는 이미 '돈'이 눈에 보이는 형태로 존재했기에 그 본질이 에너지임을 의식하지 못한 거지요.

즉, 우리는 돈에 관해서는 '무의식 수준으로밖에 의식하지 못하는', '무의식적으로 의식하고 있는' 상태입니다. 여기에 우리가 돈과 친하게 잘 지낼 수 없는 이유, 정말로 풍요로워지지 못하는 원인이 숨어있습니다.

앞서 말했듯이 우리는 '돈'에 대해 제대로 배운 적이 없거니와 본질적인 것은 아무것도 모릅니다.

우리가 '돈'의 본질을 알게 되면 곤란해지는 사람들이 있어요.

그래서 학교에서도 이를 제대로 가르쳐주지 않으며 언론에서도 전혀 다루지 않아요. 사회에 나온 후로도 돈의 본질을 알려주는 이가 없습니다. 알려주지 않는다기보다도 알려줄 수 없겠지요. 알려주어서는 안 된다는 '보이지 않는 압력' 이 있으니까요.

우리가 돈에 대해 '무지'한 것은 돈의 본질을 몰라도 되도록 '교육'받은 결과입니다.

그러니 돈의 본질을 모르는 것은 당연해요.

너나 할 것 없이 돈에 대한 근본적인 것은 전혀 모른 채 살아가고 있는 것입니다.

하지만 현대사회를 살아가면서 목숨에 버금갈 만큼, 때로는 그보다 더 중시되는 돈에 대해 몰라도 정말 괜찮을까요?

돈의 본질과 그 근본적인 내용을 제대로 이해하지 않고 정말로 풍요하고 행복하게 살 수 있을까요?

돈에 관한 기술이나 테크닉을 배우는 것은 나쁘지 않지만, 아무리 좋은 기술과 돈을 버는 테크닉을 익혀도 돈에 대한 의식이 달라지지 않으면 건전하고도 좋은 관계를 유지할 수 없습니다.

돈에 대한 의식은 그대로인 상태로 저축하거나 돈을 불리는 기술만 익혀 손에 쥐는 돈이 많아지는 것은 차단기의 용량은 그대로인데 문어발식 배선으로 대용량의 전기제품을 한꺼번에 사용하려는 것과 같아요.

그러면 차단기가 내려가거나 누전이 발생하겠지요. 이런

상태에서 무리하게 사용하면 차단기가 전기용량을 견디지 못해서 불타고 맙니다.

현대의 돈과 관련된 문제 대부분은 이처럼 우리의 의식 에너지의 차단기 용량 부족과 불일치로 생겨납니다.

우리의 의식이 '돈'에 에너지라는 생명을 부여하지 않는 한 돈은 그저 종잇조각과 금속조각에 불과합니다.

이 메커니즘을 제대로 이해하지 못하면 돈과 대등한 관계를 구축하고 건전하게 함께할 수 없습니다. 그러면 당연히 행복한 부자가 될 수도, 몸과 마음이 풍요로운 상태로 살 수도, 자신이 좋아하는 일을 하며 성공할 수도 없습니다.

'돈은 우리의 에너지 그 자체'이므로 그 에너지의 흐름을 바꾸려면, 먼저 우리의 의식 에너지부터 바꿔야 해요.

즉, 우리가 돈에 대한 의식을 먼저 바꾸지 않으면 현실적인 돈의 흐름이 바뀌는 일은 결코 없다는 것입니다!

특히 '돈'에 관해서는 절대적으로 '선 의식, 후 현상'이라고 할 수 있어요.

'돈'이란 우리의 의식 에너지가 뭉쳐진 덩어리입니다.

'돈'의 본질은 우리의 의식 에너지 그 자체.

이것이 제가 도달한 '돈의 본질'이며 '진실한 모습'입니다.

이것이 '돈'에 관한 배움 중에서 가장 중요한 내용이자, 가장 중요한 과제입니다.

　부디 이 사실을 명심하세요!

　그럼 오늘의 수업은 이쯤에서 마칠게요.

　내일부터는 오늘 수업 내용을 바탕으로 더욱 구체적인 실
천 사항을 알아볼 테니 기대해 주세요.

돈은 의식 에너지의 결정체

'돈'에 관한 고민과 불안이 사라지지 않는 건…

'돈'
'돈'
'돈'

'무조건
저축이야!'

'저축!!'
은행

"그때 빌려준
100원 갚아"

'돈'에 대해 아무것도 모르기 때문.

그렇다면 '돈'의 본질이란…?

악마의 도구?
빈부의 격차, 전쟁,
환경파괴

천사의 도구?
문명발전, 경제발전,
쾌적한 생활

돈이 좋아하는 7가지 말의 주문

아니다, '돈'은

- 그저 기호이자 상징
- 우리의 의식 에너지를 형태화한 것

'라면을
먹어야지'

돈?

'출근
해야지!'

'돈이라고
의식하지 않으면
한낱 종잇조각일 뿐'

'돈을 우리의 의식 에너지 자체'로서 취급하면
돈에 관한 부정적인 감정에서 해방되어
더욱 자유롭게 나다운 모습으로 살 수 있다!

1일 차

2일 차 — 실천 편

3일 차

4일 차

5일 차

6일 차

7일 차

8일 차

9일 차

10일 차

11일 차

12일 차

13일 차

14일 차

'돈에 관한
자신의 현재위치를
확인하자'

어제 수업에서 '돈의 본질은 우리의 의식 에너지 그 자체'이며 돈의 흐름을 바꾸려면 '선 의식, 후 현상'이라는 것을 배웠어요.

이것은 돈과 건전하게 함께하기 위한 '기본 중의 기본', '모든 토대'이므로 꼭 수첩 등에 메모해두세요.

수업 효과를 톡톡히 보고 싶다면 되도록 수업 전용 노트를 한 권 준비하세요.

비싸지 않아도 괜찮습니다. 평범한 노트면 충분합니다. 단, 노트를 샀다면 표지에 이름과 **'무한한 풍요를 얻기 위한 노트'**라는 제목을 적으세요.

노트를 준비하고 표지에 제목과 이름을 적는 행위는 상징적일 뿐만 아니라, 의식에 커다란 영향을 줍니다.

그러니 이유는 깊이 생각하지 말고 노트를 준비해서 시키는 대로 이름과 제목을 적으세요.

그런 다음 수업을 받는 14일 동안 적어도 하루에 2페이지는 수업을 통해 배운 점, 깨달은 점, 마음에 드는 문구 등을 적어보세요.

그동안 돈과 관련된 사건을 겪었다면 함께 적어도 좋습니다. 단, 이 노트에는 '부정적인 내용은 적지 않습니다'.

실제 일어난 사건 중에서 기쁜 일, 즐거운 일, 풍요로운 일, 행운이라 생각되는 일 등 긍정적인 부분에 초점을 맞춰 작성하는 겁니다.

자, 노트를 준비하셨나요? 그렇다면 오늘은 어제 수업 내용을 더 심화하는 의미에서 구체적인 실천 사항을 통해 배워보도록 하겠습니다.

첫 번째 실천 사항입니다!

'돈'이 더 많았으면 좋겠지요?

얼마나 있으면 좋을 것 같나요?

천만 원? 일억 원? 십억 원? 삼십억 원 정도? 더 많이? 천억 원 정도 있으면 만족하실까요? (웃음)

그렇다면 당신이 복권에 당첨되어 삼십억 원을 받는다고

생각해봅시다. 삼십억 원으로 무엇을 하고 싶나요? 그 돈을 어디에 쓸 것 같나요?

생각할 시간은 1분입니다.

1분 동안에 돈의 사용처를 정하지 않으면 돈을 몰수당한다는 조건이 붙어있다면 어떨까요? 무척 초조하겠지요.(웃음)

시험 삼아 생각해 보세요.

생각만 하지 말고 실제로 종이에 직접 써보세요.

앞에서 준비한 노트를 활용할 시간이 빨리도 왔습니다. '종이에 쓰는' 행위는 매우 중요할 뿐만 아니라 실천 사항의 효과를 몇 배로 높여주므로 귀찮게 여기지 말고 재미 삼아서라도 도전해보세요.

그렇다면 다시 '삼십억 원이라는 돈의 사용처를 1분 동안 생각하기'에 도전해 봅시다. 지금부터 시작!

…… (저도 1분 동안 기다리고 있겠습니다).

자, 1분이 지났습니다. '답'을 보여주세요.

뭐? 뭐라고요?

'우선은 지금까지 길러주신 부모님께 일억씩 선물로 드리겠습니다. 그런 다음에 삼억 정도는 나를 위해 쇼핑과 맛집 탐방, 여행 등에 마음껏 사용할래요. 십오억은 자연환경이 좋은 땅에 적당한 크기의 상가주택을 지어 여유롭게 커피숍을 운영하며 유유자적한 생활을 즐기고 싶습니다. 나머지 십억은 저축해 둘래요!'

쾌나 현실적인 사용 방법이군요.

당신은 어떤가요? 어떤 식으로 삼십억이라는 돈을 쓰고 싶나요?

이제 다시 한번 당신의 '답'을 바라보세요.

만약 그 돈이 복권에 당첨된 것이 아니라, 어디서 빚을 낸 것이라면 어떨까요? 그래도 사용처는 변하지 않을까요?

뭐라고요? 빌린 돈이라면 그렇게는 안 쓴다고요?

애당초 빚을 내서까지 그렇게 할 생각은 없다고요?

만약 당신이 그런 식으로 대답했다면 안타깝게도 당신에게 삼십억이라는 돈이 찾아올 일은 없습니다. 적어도 지금은 말이지요.(웃음)

예를 들어 '삼십억 중 십억을 저축한다'라고 대답한 경우, 그 십억은 '사용했다'라고 볼 수 없습니다. 사용한 것이 아니라 '이동한' 것일 뿐입니다.

'이동한 돈'은 당신 손에 있으나 없으나 다르지 않아요.

그저 당신은 '십억의 저축이 있다'라고 생각할 뿐, 실제 달라진 건 없기 때문입니다.

적어도 삼십억 중 '저축'을 한다고 대답한 금액은 '지금의 내게 필요 없는 돈'이라고 말하는 것과 같아요.

게다가 '빚을 내면서까지 하고 싶지는 않아', '공돈이니까 그렇게 쓴다'라고 답한 것은 '진정으로 지금 하고 싶은 일은 아니다'라고 말하는 것과 다르지 않습니다.

그런 종류의 돈은 분명 지금 당신에게 '필요한 돈'이 아닙니다. 그렇게 지금의 자신에게 불필요한 에너지를 가득 지니고 있어 본들 무슨 의미가 있을까요?

어제 수업에서 배운 '돈은 우리의 의식 에너지 그 자체'라는 말을 제대로 이해했다면 삼십억의 사용처에 대한 '답'도 더욱 명확해졌을 것입니다.

가령 지금 사는 데 필요한 전기에너지가 월 30만 킬로와트라는 것을 알면 '3억 킬로와트가 주어진다'라고 해도 '지금의 전기로 충분해요. 더 이상의 전기는 필요하지 않으니, 다른 필요한 이에게 나눠주세요'라고 가볍게 대답할 수 있지 않을까요?

'받을 수 있다면 받아둬야지'라고 생각하고 '이왕 받은 전기니까 마음껏 낭비해 볼까?'라고 생각하지는 않을 것입니다.

그렇다면 본질적으로는 같은 에너지인 '돈'에 대해서는 어째서 생각이 달라지는 걸까요?

자, 여기서 두 번째 실천 사항이 등장합니다.

지금 당신의 지갑에 돈이 얼마나 있는지 알고 있나요?

단 지갑을 열어서는 안 됩니다. 눈으로 확인하지 않고 지금 본인의 지갑에 현금이 얼마나 들어 있는지 예상해서 적어보세요.

되도록 동전 하나까지 정확히 계산해 봅시다.

자신의 예상액을 메모했다면 실제로 지갑을 가져와서 책상 위에 지갑 속 돈을 늘어놓으세요.

실제로 얼마인지 확인하고 자신의 예상과 비교해 봅시다.

예상과 실제의 금액 차이가 오백 원 이내라면 당신은 상당히 견실한 쪽입니다.

천 원 이내라면 진중 파, 삼천 원 이내라면 대략 파, 오천 원 이내인 경우에는 보고도 못 본 척하는 파, 만 원 이상 차이가 난다면 정말 대충 파라고 볼 수 있어요.(웃음)

자, 어떤 결과가 나왔나요?

지갑은 매일 사용하는 물건이고, 우리는 매일 지갑에서 돈을 꺼내 쓰지만 '지금 지갑에 얼마 들어 있는지'를 정확히 파악하고 있는 사람은 놀랄 만큼 드물어요.

이유가 뭘까요? 우리가 '돈을 피하려고 하고', '돈을 멀리하고, 보고도 못 본 척하는' 무의식 수준의 심리가 작용해서입니다.

지갑의 돈을 제대로 파악하지 못하고 있다는 사실의 이면에는 '돈이 줄어드는 것을 보기가 두렵다', '돈을 쓰는 것에 죄책감이 든다' 등의 여러 가지 심리가 숨어있습니다.

이처럼 자신의 금전 상태를 제대로 보려고 하지 않고 막연한 걱정과 미래에 대한 불안으로 '돈을 모아두어야 한다'라고 생각하는 분들이 대다수입니다.

특히 지금 자신에게 필요하지 않은 돈이라도 '받을 수 있다면 받아둘까?'라고 생각하는 것도 마찬가지 심리가 작용해서지요.

'돈이 없으면 미래가 불안하다', '돈이 없으면 죽을 거야', '돈이 줄어드는 것을 보기가 두려워', '돈은 사람의 마음을 미치게 하는 무서운 존재' 등, 돈에 대한 부정적인 의식이 바뀌지 않는 한 돈과 건전한 관계를 맺을 수는 없으며 행복한 부자가 되는 길도 멀기만 합니다.

자, 당신은 어떤가요?

지갑에 돈이 얼마나 들어있는지 아나요? 통장 잔고는? 자산이 얼마나 되는지(부채도 포함) 제대로 파악하고 있나요?

먼저 자신의 '돈에 관한 현재 위치'를 정확히 파악하는 것이 중요합니다. '자신의 현재 위치를 확인하고 인정하기' 위해 효과적인 '마법의 주문'을 소개할게요.

이 수업의 가장 첫 번째 '마법의 주문'은 **"괜찮아! 어떻게든 될 거야!"**입니다.

마법의 주문 1

괜찮아!
어떻게든
될 거야!

'이게 마법의 주문이라고? 이런 걸로 돈 걱정이 사라진다니 장난도 도가 지나치다'라고 생각할 수도 있습니다.

맞아요. 지극히 자연스러운 반응입니다.(웃음) 그런데 이 '마법의 주문'은 장난으로 하는 말이 아닙니다. 진심으로 말씀드리는 훌륭한 '마법의 주문'이니 꼭 노트에 적어두세요.

참고로 "어떡하지? 큰일 났네"라는 말을 소리 내어 열 번 정도 말해보세요.

"어떡하지? 큰일 났네. 어떡하지? 큰일 났네. 어떡하지? 큰일 났네. 어떡하지? 큰일 났네. 어떡하지? 큰일 났네……"

지금 당신의 기분은 어떤가요? 실제로 곤란한 일이 일어나지도 않았는데 왠지 모르게 조급하고 걱정스러운 마음이 들지 않나요?

이제는 위에 나온 '마법의 주문'을 똑같이 소리 내어 열 번 말해보세요.

"괜찮아! 어떻게든 될 거야! 괜찮아! 어떻게든 될 거야! 괜찮아! 어떻게든 될 거야! 괜찮아! 어떻게든 될 거야! 괜찮아! 어떻게든 될 거야!……"

이번에는 어떤가요? 딱히 어떤 근거가 있는 것도 아닌데, 왠지 괜찮을 것 같은 기분이 들지요?

그 기분이 바로 의식입니다. 이것이 가장 중요해요.

어제 수업에서 '돈은 의식 에너지의 결정체', '돈은 우리의 의식 에너지 그 자체'라고 배웠잖아요.

'어떡하지? 큰일 났네'라는 의식으로 자신의 돈과 마주할 건가요? '괜찮아! 어떻게든 될 거야!'라는 의식으로 자신의 돈을 다룰 건가요?

이 의식의 차이는 하늘과 땅의 차이만큼 큽니다.

당신도 지금까지의 인생을 되돌아보면 돈과 관련된 위기를 몇 번은 겪었을 거예요.

그리고 결국 그때마다 어떻게든 문제를 해결했을 겁니다.

그런데도 어째서 돈의 미래에 대해 그렇게 비관적인가요?

적어도 지금까지 어떻게든 살아왔으니 충분하지 않나요?

'괜찮아! 어떻게든 될 거야!'라는 의식으로 돈을 대하는 것과 '큰일 났네, 어쩌지?'라는 의식으로 돈을 대하는 것의 결과는 완전히 다릅니다. 현명한 당신은 분명 잘 아실 거예요.

이 '마법의 주문'은 장래에 대한 막연한 돈 걱정과 불안을 더 이상 키우지 않기 위한 안전망이자 '브레이크' 역할을 해주는 '주문'입니다.

그러니 앞으로 돈에 관해 이유 없는 불안과 걱정이 몰려올 때면 언제든지 이 주문을 외쳐주세요.

소리 내어 열 번을 말하면 걱정과 불안이 사라질 겁니다.

마법의 주문을 열 번 말한 후에 그 자리에서 가볍게 한번 점프해보세요.

그러면 '괜찮아! 어떻게든 될 거야!'라는 의식이 마음속에 확실히 들어옵니다. 이 점프를 '안심 점프'라고 불러요.

그 자리에 정말로 가볍게 한번 점프하면 멈출 줄 모르던 걱정과 불안이라는 의식 에너지가 가라앉는 느낌이 들 거예요.

그런 후에 자신의 금전 상태를 제대로 파악하고 냉정히 대처하면 됩니다.

괜찮아요. 당신이라면 분명 어떻게든 해낼 테니까요.(웃음)

조금 길어졌는데 오늘의 실천 연습은 여기서 마무리할게요. 내일 수업에서 다시 만나요.

돈에 관한 자신의 현재위치 확인하기 ①

삼십억 원의 사용처를 1분 이내에 생각하기

"실제로 써봐야지!" 무한한 풍요를 얻기 위한 노트

'마음껏 쇼핑을 즐길 거야!'

'선물도 해야지'

'집도 차도 좋아'

돈에 관한 자신의 현재위치 확인하기 ②

현재 지갑에 들어있는 현금의 액수를 예상해서 적기

동전 개수도 포함해서!

만 오천 삼백 원?

① 예상 금액 _____ (원)

② 실제 금액 _____ (원)

③ 예상과 실제의 차액 _____ (원)

돈이 좋아하는 7가지 말의 주문

예상과 실제의 차액이…

> - 500원 이내 – 정말 견실 파
> - 1,000원 이내 – 진중 파
> - 3,000원 이내 – 대략 파
> - 5,000원 이내 – 보고도 못 본 척하는 파
> - 10,000원 이상 – 정말 대충 파

당신은 어느 파에 속하나요?

'돈에 대한
왜곡된 사고방식에서
자신을 구출하자'

자, 오늘도 즐겁게 수업을 시작해 볼까요?

어제 알려드린 '마법의 주문'을 실제로 써보셨나요?

손에 쥔 현금이 적어서 돈을 내기 곤란할 때나 막연히 금전적인 불안에 휩싸일 때 이 '주문'을 중얼거리세요.

물론 낭비의 핑곗거리나 신용카드 할부를 남발하기 위한 면죄부로 이용하는 일은 없도록 주의합시다.(웃음)

오늘 수업의 주제는 '돈에 대한 왜곡된 사고방식에서 자신을 구출하자!'입니다.

이것을 글로 쓰는 것은 쉽지만 실제로 하기는 그리 쉽지 않아요.

1일 차 '수업'에서 우리가 얼마나 '돈의 본질'을 제대로 교육받지 못했는지 언급했는데 기억나나요?

우리는 돈의 진정한 모습을 알지 못할 뿐만 아니라, 잘못된 지식, 왜곡된 사고방식을 '상식'이나 '당연한 일', '사회적 규칙'으로 완전히 믿고 있습니다.

돈을 의식 에너지로 취급하고 돈과 건전한 관계를 맺는 것을 저해하는 '돈에 대한 왜곡된 생각'은 크게 다음 세 가지로 나눌 수 있어요.

'돈이 없으면 살 수 없다'

'돈은 늘 부족하다'

'돈은 더러운 것. 부자는 나쁜 사람'

우리는 돈에 관한 이런 부정적인 생각과 믿음으로 인해 돈과 건전하면서도 대등한 관계를 맺지 못하고 있습니다.

이러한 '돈에 관한 세뇌'를 알아차리고 여기서 벗어나지 못한다면 '돈'과 건전한 관계를 맺을 수 없습니다.

잠시 냉정하게 생각해 보세요.

우선 정말로 돈이 없으면 살 수 없을까요?

이는 명백한 오류입니다. 소수지만 지구상에는 돈 없이도 살아가는 원주민이 존재하니까요.

물론 현대의 일본에서 그렇게 살 수는 없겠지만, 완전한 자급자족을 실천하며 거의 돈을 사용하지 않고 사는 사람도 있습니다. 또 관점을 바꾸면 영아나 요양 돌봄이 필요한 어르신, 혹은 복역 중인 수감자 등도 직접 돈을 쓰지 않고 산다고 할 수 있어요.

요컨대 '돈이 없으면 살 수 없는 것'이 아니라 '돈이 없으면 살 수 없다고 생각하기 때문에 정말로 살 수 없게 된다.'라는 것이 정확한 표현입니다.

다음으로 '돈은 늘 부족하다'라는 생각.

이것도 거짓입니다. 실제로 세상에는 남아돌 만큼 돈이 유통되고 있습니다. 일본의 국가 부채는 1,000조 엔을 넘는다고 하는데, 그렇다고 일본이 파산하거나 경기가 마비된 것도 아니에요.

실제로 당신의 지갑에 든 돈에 당신 이름이 박혀 있는 것도 아니잖아요. 만약 은행 금고를 엿본다고 해도 '여기부터 여기까지가 내 돈'이라고 증명할 수 있는 사람은 아무도 없습니다.

자신의 지갑이나 통장에 들어있는 돈만을 '내 것'이라고 생각하기 때문에 '부족'하다고 여기고 걱정하는 거지요.

전기를 사용할 때 '이것이 내 전기다'라고 생각하지는 않습니다. 마찬가지로 돈도 에너지로서 사회를 순환하고 있을 뿐이므로, 엄밀히 '내 돈'이란 존재하지 않는 셈입니다.

만약 당신이 '돈이 없다'라고 생각한다면 그것은 착각일 뿐입니다. 진실은 정말로 '돈이 없는' 것이 아니라 '당신에게 오는 돈의 흐름이 막혀 있는' 것에 지나지 않아요.

마지막으로 '돈은 더러운 것, 부자는 나쁜 사람'이라는 생각.

이는 분명히 말해서 옛날 드라마를 많이 본 영향일 거예요.(웃음) 악덕 상인이 몰래 돈을 빼돌려서 부자가 되거나, 나쁜 관리에게 부정부패를 청탁하는 장면 등을 보며 세뇌당한 것뿐입니다.

'돈이 더러운 것'이고 '부자가 나쁜 사람'이라면 아무도 부자가 되려 하지 않을 거예요. 이런 잘못된 의식은 우리가 풍요로워지는 것을 저해하는 잠재적 원인입니다.

그렇다면 이렇게 돈에 관해 잘못된 지식, 왜곡된 사고방식, 부정적인 가치관을 갖게 된 이유는 무엇일까요?

무의식중에 누군가에게서 이어받았기 때문입니다.

그 누군가는 물론 당신도 잘 아는 인물이에요.

맞아요. 우리에게 '돈'에 관한 왜곡된 생각을 전달해 준 사람은 다름이 아닌 부모님입니다!

물론 부모님이 현재 '행복한 부자'로서 자유롭고 풍요로운 삶을 구가하고 있다면 문제는 없어요. 만약 그렇다면 당신은 이런 '돈'의 수업을 받을 필요가 없을 것이고, 인생에서 '돈'의 문제에 직면할 일도 아마 없을 겁니다.

하지만 당신의 부모님이 그렇지 못하다면 당신 역시 저도 모르는 사이에 돈에 관한 왜곡된 생각을 이어받았을 것입니다.

그런 의미에서 보면 안타깝게도 '가난은 유전'됩니다!

물론 부모님이 가난하다고 해서 자식이 반드시 가난해지는 것은 아닙니다. '가난으로 이어지는 돈에 대한 잘못된 생각, 부정적 의식이 부모에게서 자식으로 이어진 결과 자식도 스스로 가난해지는 상태를 만든다'라고 하는 게 정확하겠지요.

물론 부모님에게 악의는 없습니다. 자식을 위해 돈에 대해 여러 가지를 알려주려고 하신 거겠지요.

가령 '낭비하면 안 된다.' '되도록 저렴한 물건을 사라.' '저축하지 않으면 나중에 큰일 난다.' '돈은 땀 흘려 버는 것이다.' '돈이 없으면 못 산다.' '돈 때문에 고생한 걸 생각하면 끝도 없다.' '우리 집은 가난하니까.' '아버지 벌이가 시원치 않아서.' '갖고 싶은 것이 있어도 참아라.' 등.

이런 생각이 모두 잘못된 건 아니지만 전부 옳다고도 볼 수 없습니다. 이러한 돈에 대한 왜곡된 사고방식은 위에서 말한 세 가지 관념이 바탕에 자리하고 있습니다. 세상에서는 상식이라 여기는 것이지만, 안타깝게도 돈의 본질을 중립적으로 보지 못하고 한쪽으로 치우쳐져 있어요.

하지만 부모님도 마찬가지로 돈에 관한 올바른 교육을 받아본 적이 없으니, 어떤 의미에서는 어쩔 수 없는 부분입니다. 부모님도 그 부모님으로부터 배운 그대로 자식에게 알려준 것일 뿐, 나쁜 의도는 전혀 없습니다.

그러니 이제 와서 부모님을 탓해봐야 소용없어요.

지금 해야 할 일은 스스로 돈과 건전한 관계를 맺는 법을 배우고 제 손으로 '돈과 관련된 세뇌'를 벗어던지고 돈 걱정과 고민, 불안에서 벗어나는 것입니다.

나아가 돈과 건전한 관계를 맺는 법을 배우고 더 풍요롭고 행복하게 사는 법을 스스로 실천하는 것이지요.

그렇게 하지 못하면 당신 역시 부모님과 마찬가지로 자식들, 혹은 다음 세대에게 결국 돈에 관한 잘못된 생각과 부정적인 가치관을 넘겨주게 됩니다.

지금 풍요롭고 행복하게 살고 있지 못하다면 그것은 당신 탓이 아니에요. 인생에서 돈의 문제를 초래하는 원인은 당신의 돈에 대한 잘못된 생각, 부정적 가치관입니다.

하지만 그런 돈에 대한 왜곡된 생각을 바꾸려 하지 않고 부정적인 상태 그대로 놔둘 때, 많은 돈을 벌고 사용하는 것은 돈에 부정적인 에너지를 담아 사회에 뿌리는 것과 같아요.

스스로 돈에 부정적인 에너지를 실어 뿌려놓고서는 행복과 풍요 등의 긍정적인 에너지를 받으려고 하는 것은 너무도 뻔뻔하지 않나요?

항간에서 말하는 '복권에 당첨되어도 행복해지지도 풍요로워지지도 않는다'라는 징크스는 이러한 '돈의 방정식'이 적용된 증거라고 할 수 있습니다.

고액의 복권 당첨자들의 당첨 이후의 삶을 조사한 바에 따르면, 복권에 당첨되기 전보다 당첨된 이후에 행복도가 더 낮아졌다고 답한 사람이 많았다는 이야기를 들어본 적이 있을 거예요.

'서민의 꿈'이라고 불리는 '복권'이지만, 안타깝게도 '복권'을 산다는 것 자체가 돈에 대한 잘못된 생각, 부정적인 의식을 보여줍니다.

'복권'을 사도 정말로 풍요로워지지 못하는 이유는 다음 세 가지예요.

1. '감나무 밑에서 감 떨어지기를 기다리기'와 같은 타력 본원적 발상

2. '한없이 낮은 확률의 우연'에 기대하는 판단력의 결여

3. 당첨되었을 때 얻는 상금에 붙어있는 부정적 에너지

쉽게 결과물을 기대하는 타력 본원적인 발상은 '나에게는 자신의 힘으로 풍요로워질 능력이 없다'라는 자기 부정적인 생각이 기저에 있다는 증거입니다.

환원율이 50%밖에 되지 않는, 극히 투자효율이 낮은 '복권'이라는 도박에 돈을 쓰는 것은 스스로 현재 상태를 받아들이지 않고 눈앞의 현실로부터 도피하려는 의식이 표출된 것이라고 볼 수 있어요.

게다가 설령 '복권'에 당첨되었다고 해도 그 당첨금은 복권에 당첨되지 못한 사람이 구입한 돈으로 이루어진 것임을 잊어서는 안 됩니다.

돈은 우리의 의식 에너지라는 관점에서 보았을 때 당첨금에는 복권에 당첨되지 못한 사람의 아쉬움, 질투, 억울함 등 부정적인 에너지가 가득하겠지요.

그런 부정적인 의식 에너지로 뒤덮인 많은 돈이 돈에 부정적인 가치관을 가진 '나'에게 물밀듯이 쏟아지는 것입니다.

게다가 진짜로 그만한 돈이 필요하지도 않고, '나는 많은 돈을 갖기에 적합하지 않다'라고 여기기까지 하지요.

그런 상태로 흘러넘칠 듯한 돈의 에너지가 찾아오니 '복권'에 당첨된 내가 평정심을 유지할 수 있을 리 만무합니다.

손에 쥐는 돈이 커질수록 그와 비례하여 에너지의 질량도 커지므로, 그것이 부정적으로 기울어지면 부정적인 힘이 증대되어 문제의 규모가 커지는 사태를 막을 수 없어요.

이를 막으려면 결국 시시한 사치나 낭비를 되풀이하고 돈을 잘못 사용하거나, 돈에 복수하려고 하거나 사기를 당해 돈을 날리는 사태에 몰리게 되고 스스로 무가치함을 증명하게 될 가능성이 큽니다.

결국 돈에 관한 왜곡된 가치관을 교정하지 못하는 한 '복권'에 당첨이 되든 안 되든 행복해지지 못하는 것은 같아요.

물론 이는 '복권'에만 해당하는 이야기가 아닙니다. 도박이나 투자로 일확천금을 얻으려는 것도, 일로 성공해서 단번에 부자가 되려는 것도 기본적으로 메커니즘은 같습니다. 금액의 많고 적음에 대한 이야기가 아니에요.

우선 여기서 자신의 돈에 관한 잘못된 생각, 부정적인 의식을 바꾸지 못하면 아무리 많은 돈을 손에 넣어도 진정한 의미의 풍요와 행복은 누릴 수 없다는 사실을 명심하세요.

오늘의 수업은 여기까지입니다. 내일 '실천 편'에서 다시 만나요!

3일 차 수업

돈에 대한 왜곡된 사고방식에서 자신을 구출하자!

〈부모님께 이어받은 부정적인 가치관이 가난을 불러온다〉

― 오해 ① ―

> 돈 없이는
> 안 돼

돈이 없으면 살 수 없다

― 오해 ② ―

> 어디서부터
> 어디까지가
> 내 돈??

돈은 항상 부족하다

― 오해 ③ ―

> 흠흠 어디 한 번
> 얼마나 되는지
> 볼까?

> 신께
> 바칩니다

돈은 더러운 것, 부자는 나쁜 사람

돈이 좋아하는 7가지 말의 주문

하지만 냉정하게 생각해보면…

돈이 없어도
괜찮아~!

그렇게 생각하니
정말로 살지 못하는 것

은행
돈 에너지
급여   회사

흘러들어오는
돈의 흐름이 막힌 것뿐

참 맛있는 과자구나

옛날 드라마를 너무 많이 본 탓

오해와 착각을 버리고 '돈' 걱정과 고민,
불안에서 나를 해방시키자

돈과 건전한 관계를 맺는 법을 배우고
더욱 풍요롭고 행복하게 사는 법을 스스로 실천하자

3일 차 • 수업 편

우선은

'있다'에서부터

시작하자!

오늘의 수업은 이 문장을 읽는 것으로 시작해 봅시다.

"세상이 100명이 사는 마을이라면…"

현재의 인류 통계 비율을 반영한다면 그 마을에는 57명의 아시아인, 21명의 유럽인, 14명의 남미·북미인, 8명의 아프리카인이 있습니다.

52명이 여성이고 48명이 남성입니다.
70명이 유색인종이고 30명이 백인입니다.
70명이 기독교도 이외의 사람들이고 30명이 기독교인입니다.

89명이 이성애자이고 11명이 동성애자입니다.

6명이 전 세계의 부의 59%를 소유하고, 그 6명은 모두 미국 국적을 가지고 있습니다.

80명은 표준 이하의 거주환경에 살고. 70명은 글을 읽지 못합니다.

50명은 영양실조로 고통받고 1명은 빈사 상태입니다.

1명은 지금 태어나려고 합니다.

1명(단 한 명)은 대학 교육을 받고, 1명만이 컴퓨터를 소유하고 있습니다.

이런 축소판으로 우리의 세계를 본다면 상대를 있는 그대로 받아들이는 것, 자신과 다른 사람을 이해하는 것, 그리고 그런 사실을 알기 위한 교육이 얼마나 필요할지 불을 보듯 명확합니다.

다음의 관점에서도 차분히 생각해 보세요.

만약 당신이 오늘 아침 눈을 떴을 때, 건강하다고 느낀다면…

당신은 이번 주에 살아남지 못할 100만 명의 사람들보다 혜택받은 셈입니다.

만약 당신이 전쟁의 위험이나 투옥으로 인한 고독, 기아의 고통 등을 한 번도 경험한 적이 없다면 세계의 5억 명의 사람들보다 혜택받은 것입니다.

만약 당신이 끈질기게 고통받거나, 체포, 고문 또는 죽음의 공포를 느끼지 않고 교외의 미사에 갈 수 있다면 세계의 30억 명의 사람들보다 혜택받았습니다.

만약 냉장고에 음식이 있고, 입을 옷이 넉넉하며 지붕 있는 곳에서 잠을 청할 수 있다면 당신은 이 세계의 75%의 사람들보다 부유하고, 만약 은행에 예금이 있고 지갑에 돈이 있으며 집의 어딘가에 동전이 든 저금통이 있다면…

당신은 이 세상에서 가장 부유한 상위 8퍼센트 중의 한 명입니다.

만약 당신의 부모님이 모두 건재하고 두 분이 아직 함께라면 그것은 아주 드문 일입니다.

만약 이 교훈을 읽을 수 있다면 당신은 이 순간 2배의 축복을 받을 것입니다.

왜냐하면 당신을 생각해서 이것을 전달해 준 누군가가 있고, 당신은 전혀 글을 읽지 못하는 세계의 20억 명의 사람들보다 훨씬 혜택받았기 때문입니다.

사람들은 옛날에 이렇게 말했습니다.

내 몸에서 나온 것은 언젠가 내 몸으로 돌아온다.
춤추라, 아무도 바라보고 있지 않은 것처럼
사랑하라, 한 번도 상처받지 않은 것처럼
노래하라, 아무도 듣고 있지 않은 것처럼
일하라, 돈이 필요하지 않은 것처럼
살라, 오늘이 마지막 날인 것처럼

이 교훈을 사람들에게 전해주세요. 그리고 그 사람의 하루를 비춰주세요.

이 충격적인 교훈은 몇 년 전에 내 오랜 친구가 직접 메일로 보내온 것입니다.
당시에는 저 나름대로 이 교훈을 많은 이들에게 전달했는데, 그 후로도 자연스레 퍼지더니 책으로도 나오면서 베스트셀러가 되어 아는 분이 많으실 듯합니다.
이 교훈에 대한 해석은 사람마다 달라요. 어떻게 느낄지는 저마다의 자유여서, 무엇이 맞고 틀리다고 할 수 없습니다.

다만 이 교훈은 사실에 근거한 통계 자료에 기반하고 있다는 점에서 훌륭하다고 생각해요.

'돈과 건전하게 관계 맺기' 위해서는 '사실을 객관적으로 보는' 관점이 꼭 필요하거든요. '돈'은 명확히 '숫자'로 나타낼 수 있으니까요.

자신의 '금전 상태'를 제대로 '숫자'로 나타내고 그 상황을 '받아들이는 것'부터 시작하는 자세가 매우 중요합니다.

이 '세상이 100명이 사는 마을이라면' 이 글을 제 컴퓨터로 읽을 수 있다는 것이 100명의 마을에서는 단 한 명에게만 해당할 정도로 혜택받은 일임을 알 수 있을 거예요. 나머지 99명의 마을 사람들은 컴퓨터를 갖고 있지 않고, 약 3분의 2의 사람들은 글을 읽지도 못하니까요.

당신이 이런 시대, 이런 나라에 태어난 것도 물론 우연은 아닙니다. 당신이 자신의 의지로 이 시대 이 나라를 골라서 태어난 것입니다. 그것이 얼마나 풍요롭고 얼마나 혜택받은 일인지를 냉정하고도 객관적인 사실로 인식하길 바랍니다.

실제로 지금 당신은 많은 것을 소유하고 있습니다.

서랍 안에 가득한 옷과 집안의 가구, 가전제품, 취미 용품 등. 그런 물건을 금액으로 환산하면 얼마일까요?

혹은 다른 각도에서 지금까지 받아온 교육과 자신의 의지로 배워온 지식, 기술 습득에 얼마나 돈이 들었는지 알고 있나요?

일본에서는 의무교육인데, 그것을 돈으로 환산하면 얼마일지 생각해 본 적이 있나요?

일본인은 당연하게 생각하는 하수도 시설이나 전기, 가스, 공공 교통시설, 의료체제 등의 인프라 설비에 1인당 비용이 얼마나 들었을지 생각해 본 적이 있나요?

더 나아가 우리 각자가 자신 것이라고 생각하는 이 육체는 대체 누가 부여해 준 것일까요?

현재 과학기술의 정수만을 모아 전 세계의 모든 돈을 쏟아부은들, 아무것도 없는 상태에서 단 하나의 세포조차 만들어 내지 못합니다. 그러니 이 육체를 금액으로 환산하면 국가 예산으로도 부족할 정도지요.

이토록 가치 있는 것을 우리는 이미 가지고 있습니다.

자, 많이 기다리신 오늘의 실천 사항입니다.

당신이 지금 소유한 것을 적고 금액으로 환산해서 목록으로 정리해보세요. 그리고 지금까지의 인생을 되돌아보고 자신을 위해 쓴 돈을 떠오르는 대로 적어봅시다. 그동안 살면서 부모님, 형제자매, 친구, 선생님, 선배, 직장 상사, 사회로부터 부여받은 것을 금액으로 환산해서 적어보세요.

당신이 홀로서기까지 부모님이 얼마나 돈을 썼을지 계산해 본 적이 있나요?

친구나 선배, 학교 선생님, 회사 상사나 동료로부터 받은 친절과 도움, 실제로 받은 것들을 금액으로 환산해 보세요.

마지막으로 당신이 제 것으로 생각하는 육체에 값을 매긴다면 얼마의 가치가 있을까요?

어떤가요?

지금 주위에 '있는' 것, 지금까지 자신에게 투자해 온 시간과 돈, 과거에 부여받은 혜택 등을 모두 현실적인 금액으로 환산해서 생각해 봅시다.

이렇게 하며 냉정하게 돌아보면 지금 자신이 얼마나 풍요로운지, 얼마나 축복받은 삶을 살아왔는지 절실히 깨닫게 될 거예요.

그래요. 지금 이 시대, 이 나라에서 사는 우리는 그것만으로도 매우 풍요롭습니다.

당신이 지금, 이 수업을 받고 있는 것만으로도 이미 넘치는 풍요 속에 있다고 단언할 정도로 말이지요.

우리는 필요한 돈과 풍요로움을 이미 손에 쥐고 있습니다.

그런 '무한한 풍요'가 이미 수중에 '있다'라는 것입니다.

이 사실을 깨닫는 것. 그것을 알고 모든 것을 '있다'라는 관점에서 시작하는 것. 그것이 더한 풍요와 더 큰 돈의 흐름을 끌어오기 위해 꼭 필요한 필요충분조건입니다.

더 풍요롭고, 더 부자가 되고 싶다면 '없다'에서 시작해서는 안 됩니다.

'0'에 무엇을 곱해도 '0'밖에 되지 않듯이 '없다'를 아무리 끌어모아도 '있다'로 바뀌지는 않아요.

돈과 풍요, 행복을 늘리고 싶고 끌어당기고 싶다면 우선은 '있다'에서부터 시작하세요. 그것이 필수조건입니다!

시험 삼아 지금 '돈이 없다'를 열 번 연속해서 말해보세요.

"돈이 없다, 돈이 없다, 돈이 없다, 돈이 없다…"

자, 지금 기분이 어떠세요?

계속해서 이번에는 '돈은 있다'를 열 번 연속해서 말해보세요.

"돈은 있다, 돈은 있다, 돈은 있다, 돈은 있다 …"

'돈이 없다' 하고 말했을 때와 '돈은 있다'를 외쳤을 때, 언제가 기분이 더 좋았나요? 언제 더 의욕과 활기가 생겼나요?

어제의 실천 사항에서도 확인한 대로 '돈이 없다'라는 인식은 분명한 오류입니다. 가령 지금 당신의 수중에 가진 돈이 적어도 그것이 '돈이 없다'를 증명할 수는 없습니다.

지금 당신의 수중에 돈으로 바꿀 수 있는 물건은 없나요?

지금까지 돈을 들여 배워온 지혜와 기술, 경험도 있겠지요. 부모님을 비롯한 주위 사람들이 부여해 준 유형, 무형의 선물과 혜택도 이미 손에 쥐고 있군요.

돈의 본질이 에너지인 이상, '에너지 보존의 법칙'이 적용됩니다. 즉, 과거에 들인 돈은 모두 형태를 바꾸어 당신 안에 지금도 잘 보존되고 있다는 말입니다.

그러니 앞으로는 '돈이 없다'라는 말은 하지 마세요.

이 우주는 무한한 풍요로 가득하며 실제로도 이 세계에는 차고 넘칠 정도의 '돈'이 있거든요. 엄연한 사실입니다.

앞으로는 '돈이 없다'라는 착각이 들 듯하면 곧장 "돈은 있다!"라고 소리 내어 말하세요. 그것이 진실이며 이 말이야 말로 두 번째 '마법의 주문'입니다.

마법의 주문 2

돈이 좋아하는 7가지 말의 주문

우선은 '있다'에서부터 시작하자!

가지고 있는 물건, 투자한 시간과 돈, 과거에 받은 혜택 등을 금액으로 환산해보기

지금 소유하고
있는 것

자신을 위해
쓴 돈

부모, 형제자매, 친구,
선생님, 선배, 상사,
사회에서 받은 것들

자신의 육체에
값을 매긴다면 얼마?

돈이 좋아하는 7가지 말의 주문

자동차

여행

저축

TV

진짜 많네
아직도 더 있어

대출

냉장고

노트북

식사비

실제 금액으로 환산해보면서
필요한 돈과 풍요로움을 이미 가지고 '있다'라는 사실을 깨닫기

더 큰 풍요를 끌어오는 첫걸음이 된다

4일 차 · 실천 편

'내놓는 것이 먼저,
받는 것은 나중에'

안녕하세요. 잘 지내셨나요?

오늘도 힘차게 수업을 시작해 봅시다.

먼저 석가모니와 관련된 이야기를 하나 해 볼게요.

어느 날 탁발(신자들의 집을 돌면서 생활에 필요한 최소한의 식량 등을 얻고 신자의 공덕을 빌어주는 수행 중 하나) 수행을 나서는 제자에게 석가모니는 "공양은 가난한 집부터 돌도록 하세요"라고 말씀했다고 해요.

'탁발'은 신자에게서 음식 등을 얻고 공덕을 쌓도록 해주는 수행이니 제자는 석가모니가 잘못 말한 것이라 여기고 "부처님, 부잣집부터 시작하라는 말씀을 잘 못하신 것이지요?"하고 되물었습니다. 그러자 "아닙니다. 잘못 말하지 않았으니, 탁발은 가난한 집부터 방문하세요. 가난한 집은 보답을 바라지 않고 '먼저 내놓는' 행위를 게을리했기 때문에 가난해진 겁니다. 그러니 '기꺼이 먼저 내놓는' 덕을 쌓도록 하는 것이 그들을 구원하는 길입니다"라고 말했다고 합니다.

여기서 바로 석가모니가 도달한 '풍요의 교훈'을 엿볼 수 있습니다.

세상에 태어난 아기가 가장 먼저 하는 일은 무엇인가요? 그렇지요. 울음소리를 내는 겁니다.

이는 어머니의 양수 속에서 자라온 아기가 그때까지 사용한 적이 없던 폐에 공기를 들이마시기 위한 행위예요.

그런데 이때 아기는 태어나면서 내는 '소리' 형태로 먼저 숨을 내뱉습니다.

숨을 내뱉은 후에 크게 들이마시면서 처음으로 폐에 신선한 공기를 받아들이는 것이지요.

사람이 세상을 떠날 때 마지막으로 하는 것 역시 숨을 들이마시는 일입니다. '숨을 거두는 것'=숨을 들이마시는 것'이 세상에서 마지막으로 하는 일인 거예요.

즉 우리의 일생은 '숨을 내뱉으면서 시작하여 들이마시면서 끝난다'라고 할 수 있습니다.

'숨'은 '산다는 것' 자체입니다.

'숨'은 '가고 오는' 것입니다. 여기서도 '가다'='내놓다'가 먼저이고 '오다'='들어오다'가 나중입니다.

산다는 것은 저세상에서 이 세상으로 갔다 오는 동안을 가리킨다는 것을 '숨'을 쉬는 원리를 통해서도 알 수 있네요.

'출입구'라는 말은 있어도 '입출구'라고는 하지 않지요.

우주의 에너지 순환은 모두 '내놓는 것이 먼저이고 받는 것은 나중'의 순서로 이루어져 있습니다. 이 순서가 정말로 중요하니, 꼭 노트에 메모해두세요.

우리가 풍요로워지지 못하는 원인의 대부분이 여기에 있습니다.

지금까지 수업을 통해 반복적으로 말했듯이 '돈은 우리의 의식 에너지'입니다. 그러니 '돈'에도 '내놓는 것이 먼저, 받는 것은 나중'이라는 우주 에너지 순환의 법칙이 적용됩니다.

그런데 일반적으로 우리는 '돈'을 에너지라고 생각하지 않습니다.

'돈'도 '물건'으로 인식합니다. 물건은 사용하면 줄어들고 더러워지며 낡고 사라집니다.

'돈'도 그런 식으로 보기 때문에 '내놓는 것이 먼저'라고 여기지 않아요.

'내놓으면 없어진다.' '내놓으면 줄어든다.'라고 생각하고 있어서 먼저 내놓는 것에 거부감을 느끼는 것입니다.

그래서 장래의 걱정과 불안에 대비해 돈을 모아두는데, 그렇게 우주의 흐름에 거슬러 돈의 흐름을 막는 행위가 바로 풍요로워지는 것을 저해하는 가장 큰 원인임을 알아야 합니다.

물론 '내놓는 것이 먼저'라고 해서 모든 일에 돈을 펑펑 쓰라는 말은 아닙니다.

'돈의 에너지를 기분 좋게 먼저 내놓는 것'과 '과도한 사치를 부리거나 돈을 낭비하는 것'은 비슷해 보일지 몰라도 전혀 다릅니다.

어제 수업에서도 말씀드렸듯이 돈도 에너지인지라 '에너

지 보존의 법칙'이 적용됩니다.

'에너지 보존의 법칙'이란 '내놓은 에너지는 소멸하지 않고 다른 에너지로 변환되어 보존된다'라는 것입니다.

돈을 내고 물건이나 서비스를 구매한다는 건 돈 에너지와 물건 또는 서비스를 교환한 것이지요.

즉 돈을 많이 써서 많은 물건을 사는 것은 돈 에너지가 물건으로 바뀌었을 뿐, '내놓았다'라고 생각한 에너지는 당신에게 그대로 보존된 상태입니다.

돈을 마구 써도 집에 물건이 넘치도록 가득하다면, 에너지라는 관점에서 순수하게 돈을 내놓은 것이라 할 수 없습니다.

그렇다면 어떻게 해야 정말로 돈을 '내놓은' 것이 될까요?

돈을 직접적인 물건이나 서비스로 교환하지 않는 것, 직접적인 보상을 바라지 않는 형태로 돈을 내놓는 것, 구체적으로 말하면 '기부' 같은 행위입니다.

지금 '뭐라고요? 기부요!?'라고 생각하지 않으셨나요?

어디선가 그런 마음의 소리가 들리는 것 같네요.(웃음)

일본인에게 '기부하는' 습관이 익숙하지 못한 탓에 다소 거부감을 느낄지도 모르겠어요. 하지만 사실 일본 사회에는 오래전부터 '나눔'의 정신이 자리 잡고 있었습니다.

농경 중심의 촌락 사회에서는 '나만' 또는 '내 것'을 주장하면 전체의 균형이 깨집니다. 그래서 일본에는 '기부하는' 습관을 굳이 기르지 않아도, 당연히 서로 나누고 양보하는 정신이 정착되어 있었습니다. 얼마 전까지만 해도 말이지요.

그러던 것이 2차 세계대전 이후 서양의 개인주의적 사고방식이 밀려 들어오면서 일본 고유의 '화합 정신'을 상실하게 되었습니다. 그래서 굳이 '기부하는' 습관을 길러야만 하는 상황에 이른 것이지요.

실제로 서양의 부자들은 모두 '기부'하는 습관을 갖고 있습니다.

'기부'라는 행위가 순수하게 '돈 에너지를 내놓는 행위'라는 것을 알고 있기 때문이지요.

이것이 돈의 순환을 촉구하고 더한 돈의 흐름을 끌어온다는 것을 경험적으로 알고 있기에 그들은 기꺼이 '기부'를 합니다.

돈 걱정에서 해방되고 진정한 풍요로움을 누리고 싶다면 반드시 기부하는 습관을 들여야 합니다.

'기부'할 때의 포인트는 다음 다섯 가지입니다.
- 되도록 익명으로 기부할 것
- 기부한 돈에 대한 보상을 바라지 않고, 기부를 받은 이에게 참견하지 않을 것
- 좀 아깝다 싶은 정도의 금액에 도전할 것
- 응원하고 싶은 사람, 기업, 단체, 조직에 기부할 것
- 임시수입이 생기면 일부는 기부하는 것으로 미리 정해둘 것

돈 에너지의 순환을 생각하면 '기부'는 '해주는 것'이 아닙니다. 기부를 통해 당신에게 있던 돈 에너지가 기분 좋게 순환하기 시작하고 더 많은 풍요를 불러오니, '기부'는 어디까지나 나를 위한 행위라고 할 수 있어요.

돈을 에너지라는 관점으로 보면 '빌려준 돈이 돌아오지 않는' 것도 어떤 의미에서는 행운일지 모릅니다.

'기부'를 나를 위해 하는 것이라 생각하면, 돈을 빌려주는

행위도 개인에 대한 '기부'라고 생각할 수 있어요.

빌려주었다고 생각해서 '돌려줬으면 좋겠다', '갚는 것이 당연해'라고 여기면 괴로우니, 그냥 '주었다, 기부했다'라고 여기면 괴로움에서 단번에 해방될 수 있습니다.

전기 등의 에너지를 빌려주고 갚는 식으로 생각하지 않듯이 본래 에너지인 돈도 우주적으로 보면 빌려주거나 갚는 행위라고 생각한다면 이상합니다.

'남아도는 에너지'가 있으면 부족한 곳에 보충시켜 균형을 맞추는 것이 자연의 섭리입니다. 현재 상황이 어떻든 돈을 빌려주었다는 것은 그 당시에는 적어도 돈 에너지 측면에서 여유가 있었다는 것이겠지요.

그렇다면 고민할 게 없습니다.

그 시점에 '빌려줄 수 있었던' 것이니 당사자에게 돌려받으려 하지 말고 '그냥 준' 셈 치고 마음을 내려놓으면 됩니다.

그러면 신기하게도 돈 에너지가 제대로 순환하기 시작합니다.

실은 저도 실제로 그런 경험을 한 적이 있습니다.

과거에 회사를 함께 경영하던 동료에게 상당한 금액의 돈을 빌려준 적이 있었어요. 돈을 빌려주고 얼마 동안은 언제 돌려받을 수 있을지, 상대방이 제대로 갚을지 전전긍긍하며 잠 못 이루는 날들이 이어졌습니다.

하지만 시간이 지나도 그가 빚을 갚을 낌새는 보이지 않았고, 저의 변제 요구에도 응하지 않았기 때문에 스트레스와 화가 쌓여만 갔습니다.

그런 나날을 보내던 중 문득 이런 생각이 들었습니다.

'어째서 돈을 빌려준 사람이 이렇게 힘들어야 하는 거지? 딱히 지금 그 돈이 없으면 생활이 안 되는 것도 아닌데. 그만 잊어버려야겠다. 포기하자. 그 돈은 그냥 준 셈 치고 잊어야지.'

그것이 제가 가장 편해지는 방법이자, 스스로를 구원하는 길임을 깨달은 것입니다.

'빌려준 것'이 아니라 '그냥 준 것'이라고 마음을 고쳐먹는 순간 상대방과 깔끔하게 이별할 수 있었습니다.

이때도 여전히 돈을 빌려주었다고 생각했다면 그에 대한 미련 때문에 개운하게 헤어지지 못했을 거예요. 그런데 돈

관계를 끊어내니 인연도 끊어지듯 우리는 서로 전혀 다른 길을 걷게 되었습니다.

덕분에 제 인생은 큰 전환기를 맞이했고 새로운 분야의 일을 시작하여 오늘날 작가로도 활동할 수 있게 되었어요.

돌이켜보면 그에게 돈을 준 셈 치고 마음을 내려놓은 순간부터 돈 에너지가 가진 '풍요'의 물결이 소리를 내면서 움직이기 시작했던 것 같습니다. 지금은 상대에게 빌려준 돈의 몇 배나 되는 돈을 벌고 있으니 '그냥 주길 잘했다'라고 생각합니다.

'빌려준 돈은 모두 그냥 준 셈 치라'거나 '빌린 돈을 갚지 않아도 된다'는 말은 아닙니다.

하지만 '에너지는 내놓는 것이 먼저이고 받는 것은 나중'이라는 법칙을 알수록 돈거래는 피하는 것이 좋다고 생각합니다.

'빌려준 사람'은 상대방을 지배하고 통제하려는 부(負)의 에너지가, '빌린 사람'은 상대방에게 의존하게 되는 죄책감의 에너지가 커집니다.

그렇게 서로 부정적인 에너지를 안고 있는 한 기분 좋게 돈을 내놓을 수 없고, 돈 에너지를 기꺼이 내놓을 수 없는 한 풍요도 행복도 멀기만 하다는 것을 알아야 합니다.

혹시 빌려준 돈이나 갚아야 할 돈이 있나요?
있다면 되도록 빨리 정리하세요.
누군가에게 빌려준 돈이 있다면 '기부'한 셈 치고 기분 좋게 털어버리면 어떨까요? 틀림없이 그것은 우주의 풍요라는 흐름에 올라타기 위한 중요한 한 걸음이 될 거예요.

누군가에게, 특히 개인적으로 빚이 있다면 얼른 갚으세요.
에너지의 관점에서 보았을 때 그 빚을 갚지 않는 한 당신에게서 돈 걱정은 사라지지 않을 것이고, 진정한 의미의 풍요나 행복을 얻지도 못할 테니까요.

오늘 수업은 여기까지입니다.
그럼 내일 수업에서 다시 만나요.

내놓는 것이 먼저, 받는 것은 나중

'돈 에너지를 기분 좋게 먼저 내놓는다'는 것이란?

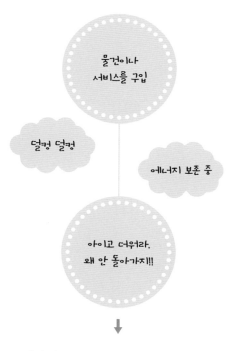

물건이나
서비스를 구입

덜컹 덜컹

에너지 보존 중

아이고 더워라,
왜 안 돌아가지!!

↓

돈 에너지가 물건과 서비스로 바뀌었을 뿐

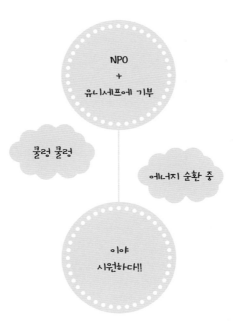

NPO
+
유니세프에 기부

쿨렁 쿨렁

에너지 순환 중

이야
시원하다!!

직접적인 '보상'을 바라지 않는 형태로 돈을 내놓은 것이
풍요를 끌어당기는 비결

빌려준 돈도 기부한 셈 치고 훌훌 털어버리고,
빌려주거나 빌린 돈이 있다면 되도록 빨리 정리합시다.

5일 차 • 수업 편

'기뻐하며 내놓은
습관에
도전하기!'

지난 수업에서는 '에너지는 내놓는 것이 먼저, 받는 것은 나중'이라는 법칙을 배웠습니다.

이에 대해서는 충분히 이해하셨으리라 생각해요.

다만 실제로 돈이라는 에너지를 마주하면 그리 쉽게 실천하지는 못한다는 것을 저 역시 잘 압니다.

기부하거나 빌려준 돈을 그냥 준 셈 치는 것은 '말은 쉬워도 행동은 어려운' 경지의 일입니다.

이것들이 에너지라는 관점에서 옳다고 믿는 것이 중요합니다. 그렇게 하는 편이 좋다고 자신 있게 권합니다. 그렇다고 강제로 그렇게 하라는 것은 아닙니다.

아무리 좋은 일, 효과적인 일, 남들이 환영하는 일이라도 억지로 하면 의미가 달라집니다.

그것이 일반적으로 좋은 일, 옳은 일일수록 억지로 하면 결국 주위를 탓하는 원인으로 작용할 뿐입니다.

'나는 이렇게 좋은 일, 바른 일을 하는데 왜 주위 사람들은 그렇게 하지 못하지? 다들 좀 더 해야 하는 것 아닌가?' 라는 생각이 들면 결국 다른 사람들을 자신의 잣대로 책망하거나 재단하게 됩니다.

그러면 아무리 좋은 일, 옳은 일을 해도 그 '올바름'이 주위에 전달되지 않습니다. 오히려 남을 탓하고 재단하는 부정적인 에너지만 전해지니 주의해야 합니다.

이 수업도 당신이 더 풍요롭고 행복해지기 위한 것이니, 여기서 배운 것을 실천하려다가 괴롭고 고통스러워진다면 주객전도일 뿐입니다.

그럴 때는 무리하지 말고 '하지 못하는 나', '하고 싶지 않은 나'를 인정하고 용서하세요.

이것은 매우 중요한 일이니 노트에 메모해두기 바랍니다.

자, '에너지를 내놓는 것이 먼저이고 받는 것은 나중'이라는 법칙은 진리입니다. 여기에 저항해 봐야 아무런 득이 없어요.

이 법칙을 부정하거나 저항하지 않고 어떻게 활용할지 생각하여 가능한 범위 내에서 실천하는 것이 무엇보다 중요해요.

단, 앞서 말했듯이 '보상을 바라지 않고 돈을 먼저 내놓는' 행위는 선뜻 실행하기 힘듭니다. 돈을 내놓지 않으면 절대 돈이 안 들어오는 것도 아닙니다.

그러니 '꼭 돈이 아니더라도 긍정적인 에너지를 먼저 내놓는 것'을 의식하여 시도해 봅시다.

석가모니가 말씀하신 무재칠시(無財七施)라는 수행 방법을 참고하면 도움이 됩니다.

다음의 일곱 가지 보시가 가진 재산이 없어도 할 수 있는 긍정적인 에너지를 건네는 행위입니다.

1. 눈 = 부드러운 눈빛으로 사람을 대할 것

2. 얼굴 = 온화한 미소로 주위를 바라볼 것

3. 입 = 상냥하게 말을 건넬 것

4. 손발 = 무거운 짐을 들어주거나 먼저 나서서 남을 도울 것

5. 마음 = 상대방을 배려하는 착한 마음으로 사람을 대할 것

6. 엉덩이 = 자신이 앉은 자리를 상대방에게 양보할 것

7. 등 = 상대에게 누울 자리를 제공할 것

이 행위는 모두 돈을 들이지 않고도 몸으로 할 수 있는 것이니, 오늘의 실천 사항으로 삼아 한 가지라도 시도해 보세요.

이렇듯 보상을 바라지 않는 '선행'이야말로 주위에 긍정적인 에너지를 건네는 일입니다. 늘 긍정적인 에너지를 '먼저 내놓겠다'라고 생각하면 '먼저 내놓은 것에 상당하는 에너지가 나중에 자신에게 되돌아오는 법입니다.

우주에는 미소보다 돈이 더 가치 있는 것이라는 잣대가 없습니다. 그런 잣대가 적용되는 곳은 이 세상뿐이에요.

그러니 미소 에너지를 먼저 내놓으면 나중에 돈 에너지가 되돌아와도 전혀 이상할 게 없습니다.

소위 성공한 사람들은 모두 이 '에너지 교환'의 원리를 잘 활용하고 있습니다.

처음에는 돈이 들지 않는 방법으로 돈 이외의 긍정적인 에너지를 먼저 내놓고, 그것을 돈 에너지로 잘 변환시켜 점차 직접적인 돈 에너지를 건네는 비율을 늘립니다. 그렇게 돈과 풍요를 제 것으로 만드는 방법을 사용합니다.

긍정 에너지를 내놓으면 그중 몇 퍼센트는 반드시 돈 에너지가 되어 되돌아옵니다.

성공한 사람들은 그때 되돌아온 돈 에너지, 즉 임시수입을 자신을 위해 쓰지 않고 다시금 누군가를 위해 기꺼이 사용하여 더 큰 돈의 흐름을 이끌어 냅니다.

경제적으로 어려운 사람에게 식사를 대접하거나 돌봐주고, 평소 신세를 진 사람에게 선물을 하거나, 응원하는 단체나 조직에 기부하는 식이지요.

이러한 행위를 반복하면 돈 에너지의 순환이 좋아지면서 서서히 확대됩니다.

그야말로 처음에는 아무것도 아닌 물건이 보물로 바뀌어 부자가 되는 옛날이야기 속의 억만장자처럼 말이지요.

단 한 번의 미소가 억만장자로 가는 첫걸음이라고 해도

에너지라는 관점에서 보면 전혀 이상하지 않습니다.

옛날이야기 속 억만장자의 패턴을 마음껏 활용해서 돈과 풍요의 흐름을 끌어당겨 보세요.

이때 포인트는 자발적으로 긍정적인 에너지를 내놓고 그 일부가 돈으로 되돌아왔을 때의 대처법입니다.

앞서 말했듯이 보통의 사람들은 임시수입이 들어오면 기뻐하며 자신을 위해 써버립니다. 그러면 기껏 순환하기 시작한 긍정적인 에너지의 흐름이 끊어지니 너무 아까워요.

이때는 자신을 위해 쓰고 싶은 마음을 꾹 참고, 주위 사람들이나 남을 위해 사용하세요.

무엇보다 효율적인 방법은 보상을 일절 바라지 않는 '기부'에 도전해 보는 것입니다.

애초에 보상을 바라지 않고 하는 행위이니 잘 생각하면 임시수입이 있다고 해도 '없는' 것과 같아요. 그러니 이때가 기회입니다.

되도록 남들이 모르는 형태로 기부해 보세요.

기부처로 제가 추천하는 곳은 신사(神社)입니다!

일본의 신사는 다른 종교시설과는 다릅니다.

신사란 일본인에게 가장 가까이 자리한 영적, 정신적 성역입니다.

잘 관리된 신사를 방문하기만 해도 등이 곧게 펴지고 마음이 단정해지니, 참배를 하면 분명 정결함을 느낄 것입니다. 그것만으로도 신사를 방문할 가치가 있어요.

실제로 신사에는 숭배하는 우상도, 어려운 경전도 없습니다.

신사의 본전에는 기본적으로 '거울'만 놓여 있습니다.

거울을 뜻하는 일본어인 '카가미(일본어 병기)'에서 나를 뜻하는 '가'를 빼면 '카미', 즉 '신'이 됩니다. **결국 나를 뺀 나의 모습이 바로 신입니다.** 신사에 참배한다는 것은 거울에 비친 진정한 나와 마주하는 일입니다. 내 안의 나와 대화하기 위한 곳이 바로 일본의 신사라는 시스템이라 생각하면 되겠습니다.

그런 장소인 신사에 가서 헌금을 하는 것은 신사를 관리하는 분들에게 '기부'하는 행위이자, 신을 통해 돈 에너지를 정화하는 셈이니 일거양득이라 할 수 있어요.

참고로 신은 돈이 필요하지 않습니다. 신사의 헌금통에는 '정재(淨財)'라는 글이 적혀 있는데, 이는 헌금을 함으로써 돈에 붙은 더러운 에너지를 신을 통해 정화한다는 의미입니다.
헌금이란 '신에게 드리는 공물'이 아니니, 돈을 내는 대신에 소원을 들어달라는 태도를 가져서는 안 됩니다.

신사에 '기부'할 때의 포인트는 다음과 같습니다. 이를 참고하여 우선은 가벼운 마음으로 집 근처의 신사에 들러 기부해보세요.
이것이 오늘의 두 번째 실천 사항입니다.

- 집 근처의 느낌이 좋은 신사에 들러 참배하기(가능하다면 생가의 근처에 있는 신사에도 들러서 인사를 하면 운이 트이는 효과가 커지니 추천합니다.)
- 되도록 오전 중에 참배하기
- 신사 입구에서는 가볍게 목례하기(경내에서는 모자나 선글라스를 착용 불가, 취식 불가)

- 걸을 때는 한가운데가 아닌 가장자리로 걷기
- 헌금은 작은 봉투에 넣은 후 '신의 은혜에 감사드립니다'와 자기 이름을 적어서 내기
- 되도록 새 지폐를 준비해 헌금하기
- 신사 앞에 서서 두 번 절하고 두 번 박수, 한 번 절하기
- 헌금은 절대 던져 넣지 말고 헌금통에 부드럽게 밀어 넣기
- 얼굴은 들고 눈은 크게 뜨고 정면을 바라보며 방긋 웃으면서 "○○에 사는 ○○○입니다. 항상 감사합니다" 하고 인사하기
- 돌아갈 때도 본전을 향해 인사하기

가능하면 일주일에 한 번, 적어도 한 달에 한 번은 신사에 기부해 보세요. 열 번쯤 갈 무렵에는 확실히 기분 좋은 변화가 찾아올 테니까요.

즐거운 마음으로 시도해 보는 것이 중요합니다. 억지로 하면 효과를 기대하기 힘들어요. '예상외의 보상'을 은근히 기대하면서 즐겁게 기부하는 습관을 들이면 돈의 흐름은 확실히 개선되고, 큰 금전운을 잡기 쉬우니 시도해보기 바랍니다.

기다리고 기다리던 세 번째 '마법의 주문'이 등장합니다.

'저는 제가 가질 수 있는 에너지를 기꺼이 내놓고, 저를 찾아온 에너지를 기쁘게 받아들입니다'

보상을 바라지 않고 먼저 돈을 내자니 아깝다거나 무의미하지 않을까 걱정하는 마음의 소리가 들릴지도 몰라요. 그럴 때일수록 이 주문을 외우세요.

제가 가질 수 있는
에너지를 기꺼이 내놓고,
저를 찾아온 에너지를

기쁘게 받아들입니다.

부정적인 마음에 질 듯할 때는 일단 멈춰 서세요. 그런 다음 심호흡을 하고, 가슴에 두 손을 대고 이 주문이 자신에게 들리도록 작게 세 번을 말하세요.

"저는 제가 가질 수 있는 에너지를 기꺼이 내놓고, 저를 찾아온 에너지를 기쁘게 받아들입니다.""저는 제가 가질 수 있는 에너지를 기꺼이 내놓고, 저를 찾아온 에너지를 기쁘게 받아들입니다.""저는 제가 가질 수 있는 에너지를 기꺼이 내놓고, 저를 찾아온 에너지를 기쁘게 받아들입니다."

그런 후에 가슴에 놓았던 손을 앞으로 내밀고 이별 인사를 하듯 좌우로 세차게 흔드세요. 부정적인 생각과 헤어지는 방법입니다.(웃음)

모든 에너지는 '내놓는 것이 먼저, 받는 것은 나중'
이것이 우주를 관통하는 절대 법칙이니 부디 세 번째 주문을 계속 외워 제 것으로 만들기 바랍니다.

오늘의 실천 연습은 여기까지입니다.

내일 수업에서 만나요.

기꺼이 내놓는 습관에 도전하는 연습

(무재칠시)에 도전해보자

2. 얼굴
온화한 미소로
주위를 바라볼 것

1. 눈
부드러운 눈빛으로
사람을 대할 것

3. 입
상냥한 말을
건넬 것

무재칠시
가진 게 없어도
할 수 있는
일곱 가지 보시

4. 손발
무거운 짐을
들어주거나 나서서
남을 도울 것

6. 엉덩이
자신이 앉은 자리를
상대방에게
양보할 것

5. 마음
상대방을 배려하는
착한 마음으로
사람을 대할 것

7. 등
상대에게
누울 자리를
제공할 것

돈이 좋아하는 7가지 말의 주문

126

보상을 바라지 않는
선행이야말로
주위에 긍정적인 에너지를
건네는 길

먼저 내놓은 에너지가
나중에 '돈' 에너지로
되돌아왔을 때,
다시금 누군가를 위해
기분 좋게 사용하세요.

✻ 신사에 '기부'하는 것을 추천합니다!

인생에

기적을 일으키는

'마법의 주문'

자, 오늘은 이 수업을 시작한 지 7일째 되는 날이네요.
딱 절반 지점에 다다랐습니다.

일주일 전에 수업을 시작했는데, 자신이 작성한 노트의 수
업 내용과 실천 사항을 보니 어떤 생각이 드나요?
일주일 전보다 무언가 심경의 변화가 있나요?
실제로 달라진 것이 있나요?
일주일 동안 무언가 변화하고 있다고 느꼈나요?

자신의 느낌, 감각, 감정에 민감해지는 것도 '풍요'의 흐름
을 끌어당기려면 매우 중요한 요소입니다.
'내 안의 나', '진정한 나'는 무슨 일이든 잘 알고 있어요.

영혼과 직접 이어져 있는 마음, 진심은 자신에게 필요한 것을 제대로 골라낼 힘을 갖추고 있답니다.

그런 진심의 목소리, 영혼의 메시지는 늘 우리에게 전달되고 있지만 우리의 머리가 생각하느라 바쁘고 여유가 없는 탓에 귀 기울이지 못하는 상태일 뿐입니다.

그러니 무슨 일이든 머리로만 이해득실을 따지거나 좋고 나쁨을 판단하지 말고, 느낌과 '쾌·불쾌', '호·불호'라는 자신의 감정에도 더 민감해져야 합니다.

그런 감각은 당신을 필요한 길로 이끌어 주는 중요한 신호이니, 무시하거나 내버리지 않도록 주의하세요.

다시 오늘의 수업 내용으로 돌아가 봅시다.

오늘의 수업 주제는 '인생에 기적을 일으키는 마법의 주문'입니다.

'마법의 주문'에 관해서는 10만 부 이상 팔린 저의 책 《2주 만에 인생이 달라지는 마법의 주문》이 전자책으로 출간되어 있고 음성이나 메일로도 수업을 진행하므로 이미 아시는 분이 많을 듯합니다.

만약 아직 위의 콘텐츠를 접하지 못한 분은 꼭 하나라도 경험해 보시길 권합니다.

거기서 이미 '마법의 주문'의 효과와 효능, 사용법에 관해 상세히 적었으므로 더 설명하지 않겠습니다. 다만 거기서 밝히지 않았던 '돈에 얽힌 놀랄만한 실제 경험'을 소개하고자 합니다.

제가 직접 체험한 실화이니 가벼운 마음으로 읽어주세요.

제가 이 '마법의 주문'에 대해 알게 된 것은 벌써 15년이 더 지난 일입니다. 그 무렵 저는 한신·아와지 대지진을 경험하고 인생의 방향성을 완전히 상실한 채 진짜 나를 찾느라 여념이 없었습니다.

당시 저는 생계를 위해 필요 최소한의 일을 하면서 이외의 시간은 진짜 나를 만날 거라는 마음속 깊은 소망 덕분에 대부분 이상한 책을 읽고 이상한 물품을 사며, 수상한 세미나와 강연에 참여하며 지냈어요.(쓴웃음)

그러던 중 어느 분의 강연에 참석했을 때 일입니다. 강사 선생님이 "오늘은 조금 재미있는 실험을 해 볼게요" 하고 말씀하셨습니다. 강연 장소는 오래된 공공시설로 시청각 교실 같은 곳이었는데 검은 커튼을 치고 불을 끄면 낮에도 정말 깜깜했습니다. 거기서 그 선생님은 테레사 수녀의 책에 나온 대로 방긋 웃으면서 '감사합니다'라고 말하는 사람에게서 정말로 빛이 나는지 확인해 보겠다는 것이었어요. 수상쩍은 세미나다운 그야말로 수상한 전개였지요.

그런데 테레사 수녀는 물리학적 현상으로 그것을 분명히 보았다고 적었다지 뭐예요.

마침 낮에도 깜깜하게 만들 수 있는 장소이니만큼 꼭 한 번 검증해 보고 싶다고 했습니다.

당시 저는 아직 이런 수상한 세계에 발을 디딘 지 얼마 되지 않은 초보였기 때문에 고개를 갸웃거리면서도 뒤에서 조용히 그 실험을 지켜보았습니다.

주최자가 커튼을 치고 불을 끄자 세미나 장소가 캄캄해졌습니다. 정말로 아무것도 보이지 않는 그야말로 암흑이었지요.

선생님의 목소리만이 마이크를 통해서 들려왔습니다.

"시작합니다. 먼저 제가 방긋 웃으며 '감사합니다'라고 말할 테니 그 후에 여러분도 똑같이 해 보세요."

깜깜하고 정적만이 흐르는 곳에서 강사 선생님의 '감사합니다'라는 목소리가 울려 퍼졌습니다. 그런 다음 참가자 전원의 '감사합니다'라는 목소리가 이어졌습니다.

저는 뒷자리에 앉아 있었는데 그때의 광경은 지금도 분명히 기억하고 있어요. 선생님이 '감사합니다'라고 말했을 때 왠지 모르게 가슴 언저리가 밝게 빛난 것처럼 보였기 때문입니다. 정말인가 싶어 제 눈을 의심했어요.

이어서 세미나에 참가한 사람들이 '감사합니다'라고 하자 암흑 속에서 희미하게 사람들의 실루엣이 보였습니다. 정말이에요. 다시 한번 제 눈을 의심했습니다.

그러자 선생님이 "여기서 보고 있으면 여러분이 '감사합니다'라고 말했을 때 가슴 언저리에서 뭔가 라이터에 불을 붙인 것처럼, 혹은 반딧불이 날아다니는 것처럼 밝은 빛이 보였는데 여러분은 어땠나요?"

이 말에 주최자가 "여기서 보면 선생님이 '감사합니다'라고 말했을 때도 가슴 언저리가 밝게 빛나 보였습니다" 하고 흥분한 어조로 대답했습니다.

"그렇군요. 정말 재미있네요. 그러면 이렇게 방긋 웃으며 '감사합니다'라고 하는 걸 조금 더 계속하면 어떻게 되는지를 확인해 보지요." 하고 선생님이 제안하자 우리는 열 번 정도 방긋 웃으며 '감사합니다'를 반복했습니다.

그러자 어땠을까요? '감사합니다'라고 말할 때마다 그 밝은 빛이 점점 강해지는 것입니다. 처음에는 그야말로 암흑 속에서 휴대전화를 본 듯한 작은 빛이었는데 '감사합니다'의 횟수가 늘어남과 동시에 점점 윤곽이 선명해지고 사람들의 얼굴을 확인할 수 있을 정도가 되었습니다. 마지막에는 온몸의 형태와 얼굴 표정, 입고 있는 옷의 색깔까지 구분할 만큼 세미나 장소가 점점 밝아졌다는 사실에 진심으로 놀랐습니다.

참고로 저는 심한 근시로 안경을 써도 시력이 0.6 정도밖에 되지 않습니다. 그런 저조차 암흑 속에서 이렇게 선명하게 볼 수 있다니 너무 놀라서 말이 안 나왔던 기억이 지금도 선명합니다.

물론 어두운 곳에 익숙해진 영향도 있겠지만, 그때 느낀 변화는 마치 인간이 내면에서 정말로 빛을 발하는, 그야말로 발광이라는 표현이 알맞을 것 같았습니다. 테레사 수녀가 말한 것이 이것일까, 하고 깊이 감동했던 기억이 생생하네요.

그때부터입니다. '감사합니다'라는 말에 굉장한 힘이 잠재되어있는 것이 아닐까 여기고 진심으로 '감사합니다'를 외치기 시작했어요.

강사 선생님은 '감사합니다'를 많이 말할수록 신기한 현상, 믿을 수 없는 행운, 기적 같은 사건이 가득 일어난다고 말했습니다.

저는 정말로 기적이 일어나는지 직접 검증해봐야겠다고 생각했어요.

제대로 검증하기 위해 '감사합니다'의 횟수를 세어 보아야겠다고 생각한 저는 홈 센터에서 교통량을 조사할 때 사용하는 계수기를 구입했습니다. 한번 말할 때마다 원 카운트하면서 1년간의 목표로 매일 '감사합니다'를 외치고 그 횟수를 세었습니다.

처음에는 하루 3천 번 이상을 목표로 염불을 외듯이 '감사합니다'라고 말했습니다. 일을 끝내고 집으로 오면서도 역까지 걸어가는 길이나 전철을 기다리는 시간, 화장실에 가거나 목욕하는 시간, 걷고 있을 때, 휴식 시간 등 틈만 나면 카운터를 손에 들고 '감사합니다'를 연발하는 나날이었습니다.

그렇게 3개월 정도 매일 말하며 총 30만 번을 넘었을 무렵부터 무언가 달라지고 있다는 느낌이 들었습니다. 그것을 말로 표현하기는 어려운데, 그때까지 말로만 하던 '감사합니다'라는 말을 입에 담을 때마다 정말로 감사하는 마음이 내 안 깊은 곳에서 끓어오르는 느낌이 들었습니다.

급기야 너무 감사한 마음이 커진 나머지 길 한복판에서 울고 만 적도 있었어요.

실제로 무언가 일어나기 힘든 감사한 일이 생긴 것도 아니었어요. 객관적으로 보면 그저 계수기를 손에 들고 역까지 걸어갔을 뿐이에요.

그런데도 정말로 감사하는 마음이 내 안에서 끓어오르는

것을 누를 수 없었고, 뜨거운 눈물이 흘러내렸던 것입니다.

주위에서 보면 나이도 먹을 만큼 먹은 아저씨가 길에서 이유도 없이 오열하고 있으니 이상하다 여겼겠지요. 제가 생각해도 경찰서에 신고가 안 들어간 것만 해도 다행이 아닐까 싶은데, 그때는 그런 것을 생각할 여유조차 없이 그저 흘러내리는 눈물과 감사하는 마음에 전율했을 뿐입니다.

그런 신기한 체험을 거쳐 '감사합니다'를 외친 횟수가 50만 번을 넘어섰을 때 또다시 믿을 수 없는 사건이 일어났습니다.

당시에 저는 친구와 함께 작은 조직을 운영하고 있었는데, 부끄럽게도 늘 자금 조달에 어려움을 겪었습니다. 지금 생각하면 비즈니스였는지 취미였는지 아니면 자원봉사였는지 분명치 않은 걸 보니, 그야말로 회사 놀이였던 것 같아요. 그래도 우리는 나름대로 정말 열심히 일했습니다.

다만 언제나 돈 걱정을 해야 했고 자금을 조달할 궁리를 해야만 했습니다.

그때도 동료와 어떻게 자금을 마련할지 생각하면서 제가 무심코 "이제 500만 원 정도만 어떻게 좀 안 되려나. 500만 원만 있으면 이번 달은 어떻게든 될 것 같은데" 하고 혼잣말을 했습니다. 이 말을 그 자리에 있던 동료가 모두 기억하고 있었습니다.

그 다음다음 날이었습니다. 사무실 인터폰이 딩동 울리더니, 집배원이 서류가 도착했으니, 인감을 가지고 오라는 거예요. 서류를 받아보니, 받는 사람은 저였고 보낸 사람은 눈에 익은 지인의 이름이었는데 그다지 친한 사람은 아니었습니다.

'뭐지?' 하고 이상하게 여기면서 봉투를 열자, 거기에는 편지와 함께 현금 500만 원이 들어 있었습니다. 대체 어떻게 된 일인가 싶어 동봉되어 있던 편지를 읽어보니, 그 지인이 마침 유산을 받았는데 그중 일부를 당시 제가 하던 활동에 기부하고 싶다는 것이었어요.

고작 이틀 전에 '감사합니다' 말하기 50만 번을 달성하고 "이제 500만 원만 있으면…" 하고 중얼거렸었는데 설마 이런 형태로 현실이 될 줄이야, 너무나도 놀라웠습니다.

이틀 전의 일이어서 동료도 그 사실을 전부 기억하고 있었기 때문에 "굉장해! 이건 기적이야! 정말 기적이야!"라고 다들 떠들썩했습니다.

물론 즉시 돈을 보내준 분께 연락해서 정말로 기부금의 형태로 500만 원을 받아도 될지를 확인한 후에 감사히 사용했습니다.

이것이 '감사합니다'의 효과인지 어떤지는 정확히 알 수 없지만, '감사합니다'를 50만 번 말한 타이밍과 500만 원의 현금이 도착한 '우연'이 얼마의 확률로 겹칠 수 있을까요?

이 거짓말 같은 실화를 어떻게 생각하나요?

이것만으로도 충분히 기적적인 현상이라고 생각하는데 이 이야기는 여기서 끝나지 않습니다. 앞으로 더 남아 있어요.

하지만 너무 길어지면 안 되니 오늘은 여기까지만 하려고 합니다.

뒷이야기는 다음 실천 연습 때 말씀드릴 테니 기대하세요.

저의 언빌리버블 체험!

'감사합니다'에 얽힌 거짓말 같은 실화 ①

어떤 세미나에서
신기한 경험을
했어요.

"감사합니다"
"감사합니다"
"감사합니다"

뭐지!?

그날 이후로
'감사합니다'에
사로잡힌 저는

매일 3천 번의
'감사합니다'를
외치고 다녔어요.

돈이 좋아하는 7가지 말의 주문

그렇게 3개월이 지났을 무렵,
카운터는 30만 번이 넘어섰고
제게는 이변이 나타납니다.

급기야
너무 감사한 나머지
길에서 엉엉
울어버렸답니다.

너무 감사합니다
흑흑 엉엉

그리고
'감사합니다'의 횟수가
50만 번이 넘자,

"아 딱 500만 원만
더 있었으면"

이틀 후,

딩동

"서류
왔습니다"

지인이 보낸 서류에는
무려 500만 원의
기부금이 들어있었습니다.
덕분에 순조롭게 활동을
진행할 수 있었어요.

…계속

7일 차 · 수업 편

"감사합니다"라고
말하기만 하면
된다…!?

어제 수업 내용을 읽고 어떤 생각이 들었나요? 방긋 웃으면서 '감사합니다'라고 말하면 사람에게서 빛이 난다고? 그저 '감사합니다'를 많이 말했을 뿐인데 끊임없이 눈물이 흐른다거나, 지인으로부터 갑자기 500만 원이 든 현금 봉투가 날아드는 신기한 이야기라니. 믿기 어렵지 않을까 싶습니다.

　저도 믿어달라고 부탁할 생각은 없습니다. 딱히 믿고 싶지 않다면 잊어버려도 괜찮아요.
　다만 이 이야기는 정말 있었던 사실입니다. 그것을 증명할 수 있는 사람은 저밖에 없겠지만, 이 속에야말로 풍요로워질 수 있는 비법, 또 돈 걱정에서 해방되는 비결이 숨어있습니다.
　그러니 믿고 안 믿고의 문제가 아니라, 자신이 사용할 수 있을지, 자신에게 도움이 될지를 생각하며 계속 읽어주시면 감사하겠습니다.

　그러면 어제 이야기를 이어서 해 볼게요.

　그런 식으로 '감사합니다'를 많이 말하는 동안에 여러 가지 일이 일어났습니다.
　일일이 말하자면 끝이 없고, 쓸 수 없는 이야기도 있으니 (웃음) 여기서는 생략하도록 하겠습니다.

　그렇게 여러 경험을 하면서 무조건 '감사합니다'를 1년간 계속해서 외치고 다녔습니다. 그때 계수기의 누계는 무려 136만 회가 넘었지요. 365일로 나누어 보면 하루에 약 3,700번 이상을 말한 셈이었습니다.
　내심 1년 동안 정말 열심히 했구나 싶었어요.
　덕분에 '감사합니다'라는 말의 힘을 제대로 실감할 수 있었고 앞서 말한 기적도 많이 체험했습니다.
　저로서는 '감사합니다'를 말하는 실험치고는 충분한 성과가 있었기 때문에 횟수를 세는 실험은 1년으로 끝냈습니다. 이후에는 조금 더 자유로운 형태로 횟수에 집착하지 않고

'감사합니다'를 계속 말하며 살았습니다.

그로부터 약 일주일 후 갑자기 휴대전화의 벨이 울렸습니다. 전화를 받아보니 제가 이전에 '레이키(reiki, 세계적으로 가장 대중적인 핸드 힐링 기법)'를 알려주었던 제자 T 씨였습니다.

T 씨는 나와 직접 만나서 이야기하고 싶으니 조금만 시간을 내달라고 했어요.

'무슨 일이지?' 싶었지만 딱히 거절할 이유도 없어서 며칠 후에 모 장소에서 만나기로 약속하고 전화를 끊었습니다.

며칠 후, 약속 장소에 가보니 T 씨는 이미 와서 기다리고 있었습니다.

음료를 주문하고, 간단하게 인사를 나누면서 주문한 음료가 오기를 기다리는 동안 T 씨가 "사실은요…"하고 이야기를 꺼냈습니다.

"바쁘신데 연락드려서 죄송합니다. 혹시나 기분이 상하시지 않을지 걱정됩니다만, 오늘은 부탁이 좀 있어서 시간을 내달라고 말씀드렸어요. 저… 아무 말씀도 하지 마시고 이걸 받아주십시오."

그렇게 말하며 T 씨는 테이블 위에 한 장의 봉투를 올려

놓았습니다.

"이게 뭔가요?" 제가 묻자 T 씨는 안을 열어서 확인해 보라고 했습니다.

저는 봉투를 열어보았습니다. 거기에는 종잇조각 한 장이 들어있었습니다.

'이게 뭐지?'하고 자세히 보니 그것은 수표였습니다.

'웬 수표?'라는 생각에 저도 모르게 손이 멈추었습니다만, 눈은 분명히 수표에 적힌 금액을 향하고 있었습니다.(쓴웃음)

'일, 십, 백, 천, 만, 십만, 백만, 천만…'

금액을 확인하고 저도 모르게 깜짝 놀라 소리를 질렀습니다.

가게 안에 있던 사람들이 놀라서 저희 쪽을 보기에 "죄송합니다" 하고 사과한 후, 작은 목소리로 물었습니다. "이게 뭔가요? 도대체 무슨 일이죠?" 저는 흥분한 목소리로 말했습니다.

T 씨의 이야기에 따르면 해당 수표는 그가 아버지로부터 받은 유산의 일부였습니다. 꽤 큰 금액의 유산을 받았는데,

자신은 결혼해서 자녀도 있고, 남편도 아직 현역으로 일하고 있으며 이미 멋진 집도 있고, 아무 불편 없이 살고 있으니 돈을 쓸 곳이 없다고 했습니다.

그녀는 영적인 활동을 좋아해서 세미나에 가끔 참여하거나 좀 색다른 상품을 구입하는 일은 있어도 큰돈을 쓸 일은 거의 없다고 했습니다. 그래서 유산은 거의 손도 대지 않은 상태로 남아 있어 어떻게든 의미 있게 쓸 방법을 줄곧 고민해 왔다고 했어요.

어디에 쓸지 계속 생각하다가 얼마 전에 문득 '그렇지! 하즈키 씨라면 분명 이 돈을 잘 써주실 거야'라는 생각이 머리를 스쳤다고 합니다.

그런 설명을 들은 저는 뭐라고 드릴 말씀이 없었습니다.

"이건 절대 이상한 돈이 아니고 또 갚을 필요도 없습니다. 제가 무언가를 요구하는 일도 없을 거고요. 어디에 사용하는지에 대해서도 간섭하지 않고 제약도 없을 겁니다. 그냥 하즈키 씨가 좋아하는 곳에 써주시면 됩니다"

T 씨는 진지한 눈빛으로 말했습니다.

저는 뭔가 여우에 홀린 듯한 기분이었어요.

뭐가 뭔지 잘 모르겠다 싶었습니다.

저는 당연히 거절의 뜻을 전달했습니다. "마음은 정말로 감사히 받겠습니다만 이렇게 큰돈을 받을 수는 없습니다."

그러자 T 씨는 "그거 참 이상하네요. 하즈키 씨는 언제나 찾아오는 풍요를 받아들이면 된다고 하고 또 스스로에게 제한을 두지 않는다, 돈은 그저 에너지일 뿐이라고 말씀하시면서 어째서 이 돈을 받지 못하시는 걸까요? 제 돈은 받을 수 없다는 건가요?" 하고 되물었습니다.

참 곤란했습니다. 평소 제가 하는 말을 듣고 나오니 아무 말도 할 수 없었거든요.

"이렇게까지 준비하고 온 것이니 저도 이 수표를 받으실 때까지 돌아가지 않겠습니다." T 씨가 이렇게까지 말씀하니 저도 받아들이지 않을 수 없었습니다.

"알겠습니다. 그럼 일단 오늘은 이것을 제가 맡아두겠습니다"라고 하니, T 씨는 "감사합니다. 정말 기뻐요. 하지만 그냥 맡아두는 것이 아니라 가져가서 쓰겠다고 해주세요"라고 못을 박는 것이었습니다.

그때 수표를 들고 집까지 돌아오는 길이 참 멀었던 것 같아요.

이게 꿈이 아닐까? 뭔가 계략에 빠진 건 아닐까? 혹은 함정수사 같은 걸까? 오만 가지 망상이 떠오르면서 가슴이 두근거렸던 기억이 납니다.

다행히 그런 계략이나 속임수는 없었습니다. 무사히 집에 도착한 저는 수표를 바라보면서 정말로 어떻게 해야 할지 고민했습니다.

수표에 적힌 금액은 직장인 평균 연봉의 몇 배나 되었습니다.

이대로 받아도 될 것인지를 생각하니 왠지 기분이 좀 안 좋아져서 그날 밤은 거의 잠을 이루지 못했습니다.

다음 날 아침 역시 돌려주는 것이 좋겠다는 생각에 T 씨에게 전화를 하자, 제가 뭐라고 말하기도 전에 "이제 그 돈은 하즈키 씨 겁니다. 원하시는 대로 쓰세요." 하고 말씀하시는 겁니다.

그런 연유로 저는 1년에 136만 번의 '감사합니다'를 말하고 약 2주가 지났을 때, 일반 직장인의 연봉의 몇 배나 되는 금액이 적힌 수표를 받았던 것입니다.

맞습니다. 고액의 복권이라도 당첨된 거 같은 금액을 제가 정말 받아버린 것입니다.

그야말로 '돈이 하늘에서 떨어졌다'라고 해도 될 법한 기적적인 사건입니다.

T 씨의 이야기를 잘 들어보니 제게 돈을 맡기려는 생각이 든 시기와 제가 1년 동안 136만 번의 '감사합니다' 말하기를 마친 시기가 거의 같았습니다.

T 씨도 그 생각이 들고 나서 제게 바로 연락하지는 못했다고 해요. 연락하는 데 꽤 용기가 필요해서 일주일 정도 전화를 걸었다가 끊고, 또 걸고 끊기를 반복했다고 합니다.

그러다가 전화가 연결되어서 실제로 만난 것이 그로부터 일주일 후이니 계산이 딱 맞아떨어지는 것이지요.

믿어지나요? 그런데 이것은 한 치의 거짓도 없는 사실입니다.

이 실제 체험은 참으로 강렬했습니다.

이 체험을 통해서 저는 '돈의 본질은 에너지다', '우주는 무한한 풍요로움으로 흘러넘치고 있다'라는 것을 몸소 실감할 수 있었습니다.

동시에 '감사합니다'라는 마법의 주문에는 믿을 수 없는 힘이 숨어있음을 깨달았고 어떤 의미에서는 '감사합니다'라는 말만으로도 살아갈 수 있을 것 같은 이상한 자신감도 생겼지요.

이러한 일련의 이야기에 대해 어떻게 생각하나요? 이 실화를 통해 풍요로워지기 위한 어떤 지혜를 배울 수 있었나요?

이 실화를 통해서도 알 수 있듯이 '감사합니다'는 정말 신비한 힘을 가진 말, 그야말로 마법의 주문입니다.

'감사합니다'에는 주어도 술어도 목적어도 없습니다.

동사인지 명사인지 혹은 형용사인지도 잘 모르겠어요. 문법적으로는 분류하기 어려운 정말 신비한 말입니다.

영어로는 'Thank you'로 번역되는데, 'Thank you'와 일

본어의 '아리가토우(有り難う, 고맙습니다라는 의미)'는 전혀 다른 말이에요.

영어의 'Thank you'는 '나는 당신에게 감사한다'는 의미입니다. 주어, 동사, 목적어도 있고 문법적으로 정리되어 있어요. 상대방이 무언가를 해주었을 때 감사의 뜻을 전달하기 위한 말로 기본적으로 기브 앤드 테이크적인 발상입니다.

하지만 일본어로 감사하다는 의미인 '아리가토우'는 어원이 '아리가타이(ありがたい, 있기 어렵다)'라는 말입니다.

즉 '있기 어렵다!', '기적이다!', 'Unbelievable(믿기 힘든)!', '오 신이시여'라는 감탄과 놀라움의 표현이 근간을 이루는 말이지요.

그리고 이것을 '감사합니다'라고 정중하게 말할 때 일본어로 '아리가토우 고자이마스(ありがとうございます)'라고 하는데 이때 '고자이마스'는 '여기 있습니다(御座います)'라는 의미입니다.

결국 '감사합니다'는 '지금 실제로 눈앞에 기적적인 현상을 보여주신 데 감사한다'라는 의미로 그 기적을 일으킨 눈에 보이지 않는 사람들, 눈에 보이지 않는 누군가, 신, 부처님이 될 수도 있겠지요. 그런 존재에게 감사를 올리기 위한 '기도의 말'입니다.

그러니 그저 '감사합니다'를 반복해서 말하기만 해도 정말로 기적적인 현상이 일어나는 것입니다. 기적을 일으켜 주셔서 감사하다고 먼저 말하는데, 신이 보시기에도 '기적을 일으켜 주지 않으면 안 되겠는걸' 하는 마음이 드실 겁니다.(웃음)

저는 이 체험을 통해서 '풍요로워진다', '풍요를 받아들인다'라는 것이 이러한 메커니즘으로 성립되었음을 진심으로 이해하게 되었습니다.

이 메커니즘을 알면 무서울 게 없습니다.

'감사합니다'를 많이 말하기만 하면 500만 원의 현금 봉투나 직장인 평균 연봉의 몇 배나 되는 금액의 수표가 날아드니 말입니다.

이 체험을 통해서 제가 얻은 '풍요'의 원리와 그것을 받아들이는 기교를 더 많은 분과 나누고 싶어서 정리한 것이 바로 이 수업 프로그램입니다.

그러니 이제부터는 제 이야기를 믿고 따를지 말지 선택하면 됩니다.

당신은 '감사합니다'의 횟수를 세기 위한 계수기를 구입하는 비용 정도만 들이면 되겠지요.(웃음)

오늘의 마법의 주문은 당연히 이것입니다.

'감사합니다'를 소리 내어 많이 말하십시오.

하루에 10번, 100번이라도 좋으니 꼭 도전해 보세요.

아마 지금 나이에 만 번 정도를 곱한 수만큼 '감사합니다'를 말하면 당신에게도 분명 기적이 날아들 겁니다. 기대해 보세요.

오늘의 실천 연습은 이것으로 마치겠습니다.

그럼 내일 또 만나요.

마법의 주문 4

돈이 좋아하는 7가지 말의 주문

저의 언빌리버블 체험!

'감사합니다'에 얽힌 거짓말 같은 실화 ②

'감사합니다'를
외치기 시작한 지 1년 후,
카운터는 136만 번을
넘어섰다.

그로부터 일주일 후
제자였던 T 씨에게서
전화가 걸려왔다.

"나 정말
열심히 했어"

"직접 만나서
이야기하고 싶습니다"

며칠 후

"실은 이걸…"

이건 수표?

일, 십, 백, 천, 만…

네?

돈이 좋아하는 7가지 말의 주문

"받을 수 없습니다!!"

"받으실 때까지 돌아가지 않겠습니다!!"

하즈키 씨는 늘 풍요로움을 기꺼이 받아들인다고 하셨잖아요!!

결국 저는 감사히 받아서 프로젝트 자금으로 잘 사용했습니다.

실은 여기에 돈 걱정에서 해방되는 비결이 숨어있습니다.
'감사합니다'를 염불처럼 외기만 해도 기적 같은 일이 일어납니다.

〈실천 사항〉

'감사합니다'를 소리 내어 많이 말해보기

현재 연령×1만 번 정도 외치면 기적이 일어날지도 몰라요!

'풍요를

받아들일

준비하기'

오늘도 활기차게 수업을 진행해 보겠습니다.

어제 그리고 그저께 수업에서는 저의 실제 체험을 바탕으로 '감사합니다'라는 말에 얼마나 굉장한 힘이 있는지를 설명했습니다.

어쩌면 당신도 '감사합니다'라고만 말하면 일하지 않고도 먹고 살 수 있지 않을까 싶었을지 모르겠네요.

앞서 말한 대로 '감사합니다'라는 '일어나기 어려운 기적적인 현상이 지금 여기에 일어나고 있다'라는 의미로 그런 기적을 일으켜 준 보이지 않는 존재, 신에게 감사의 기도를 올리기 위한 말입니다.

그러니 '감사합니다'를 염불 외우듯이 말하기만 해도 틀림없이 기적적인 현상이 일어날 것입니다.

다만, '감사합니다'라고 말했을 때 저처럼 반드시 돈이 생겨나지 않을 수도 있습니다.

기적적인 현상이 꼭 돈에 한정되는 건 아니니까요. 병으로 고생하는 사람이라면 병이 낫는 것이 기적일 테고, 애인이 필요한 사람이라면 멋진 인연을 만나는 것이 기적이겠지요.

그런데 이 수업은 돈에 대한 고민과 걱정을 없애기 위한 것이니, '감사합니다'가 가진 힘을 돈과 풍요로움을 얻기 위한 기적으로 연결해야 합니다.

그러려면 역시 아이디어가 어느 정도 필요하겠지요.

어째서 제가 '감사합니다'를 136만 번 말했을 때 그런 큰 돈이 들어왔는지 이유를 생각해 봤습니다.

당시 저는 어떤 프로젝트의 책임자를 맡고 있었습니다. 수십 명의 출자자가 있고 해외에서 사업을 시작하는 큰 프로젝트였는데, 정말로 여러 가지 면에서 힘이 들었어요.

실은 하늘에서 떨어진 것 같은 그 큰돈도 1년 후에는 정말 깔끔하게 사라졌습니다.

물론 제가 개인적으로 사용한 것은 아니고 그 프로젝트에 쏟아부은 결과입니다. 그런 의미에서는 제 판단에 따라 돈을 사용해버린 건 맞아요.

제가 드리고 싶은 말은 그때 그 큰돈이 제게 굴러들어 온 것도 이미 돈을 내놓을 곳이 정해져 있었기 때문이 아닐까 라는 생각이 든다는 겁니다.

실제로 그 전에 '감사합니다'를 50만 번 말했을 때도 "이제 딱 500만 원 정도만 있으면 좋겠다." 하고 금액을 분명히 말했더니, 그다음 다음 날에 마침 500만 원이 저에게 찾아왔습니다. 당연히 그 500만 원은 흘러갈 곳이 정해져 있었지요.

당시 저는 건강에 특별한 문제가 없었고, 배우자와 자녀들도 잘 지내고 있었으며, 좋아하는 일도 하고 있었기 때문에 기적이 일어났으면 하고 생각했던 부분이 딱 돈 한가지였습니다.

게다가 막연히 많은 돈이 필요한 상태가 아니라, 프로젝트를 계속해 나가기 위해, 필요한 최소한의 금액이 명확했습니다.

그리고 거액의 수표에 적힌 금액은 제가 막연히 최소한 이 정도는 필요하다고 생각했던 액수와도 맞아떨어졌습니다.

이것을 통해 다음 세 가지를 알 수 있습니다.

- '감사합니다'를 많이 말하면 기적 같은 현상이 일어난다.
- 기적 같은 현상은 당사자에게 가장 절실한 문제를 우선시한다.
- '돈'의 기적을 끌어오고 싶다면 명확한 돈의 사용처를 미리 준비해 두어야 한다.

맞습니다. 돈을 받아들이려면 담을 그릇을 미리 준비해 두어야 합니다.

단순히 '그저 많은 돈이 필요하다.' '조금 더 돈이 많았으면 좋겠다.' 정도로는 아무리 열심히 '감사합니다'를 외쳐본들 돈의 에너지는 흘러들어오지 않습니다.

왜냐하면 돈 에너지를 흘려보내는 우주의 시각에서 '많이 달라고 하니 얼마나 필요한 걸까?' '좀 더 있었으면 한다는 건 도대체 얼마를 말하는 거지?' '어째서 그만한 돈이 필요한 거지?'라고 묻고 싶은 게 당연하기 때문입니다.

아이가 용돈을 더 달라고 한다면 '얼마나? 어디에 쓸 건데?' 하고 궁금해서 묻게 되지요. 우주와 우리의 관계도 다르지 않습니다.

그러니 많은 돈이 필요하다면 미리 그 돈의 사용처를 생각해 보고 정리해두세요. 돈을 받을 그릇을 먼저 준비해 두는 것이 무엇보다 중요합니다.

이때 단순히 자신의 사치나 낭비를 위해 돈을 사용하는 것은 권하지 않습니다.

자기 자신을 위해 돈을 쓰는 것이 나쁜 일은 아니지만, 그것이 정말로 필요한지가 중요해요.

가령 스스로를 위해 돈을 많이 써도 그것을 통해 더 가치 있는 일을 하고, 더 많은 사람을 기쁘게 하고, 다른 사람들을 위한 큰일로 이어진다면 분명 당신에게 필요한 돈이 들어올 겁니다.

돈에도 많은 사람들의 기쁨과 행복, 풍요로움에 기여하고 싶은 의지가 있습니다. 그러니 그 의지에 맞는 사용처를 생각한 사람에게 모이는 법이지요.

이렇게 적합한 돈의 사용처를 평소에 생각하여 준비해 두세요.

준비가 제대로 되어 있지 않으면 갑자기 복권에 당첨된 사람처럼 큰돈이 들어와도 눈 깜짝할 사이에 날려버리거나 사건 사고에 휘말리기만 할 뿐, 행복해지지도 풍요로워지지도 못합니다.

실제로 돈이 들어올 그릇을 어떻게 준비하면 될지는 내일 실천 연습을 통해 구체적으로 알려드리기로 하고, 여기서는 돈을 불러들이기 위한 마음 자세 즉 정신적인 면의 준비에 대해서 말씀드리겠습니다.

돈의 원형은 거슬러 올라가 보면 조개껍데기나 돌이었습니다. 그것들이 돈으로 이용된 이유는 바로 '아름다운 것'이었기 때문입니다.

'풍요로움'과 '아름다움'은 떼려야 뗄 수 없는 관계로 원래 같은 것이었어요.

지금도 풍요의 상징인 금은 아름다운 빛으로 사람들을 매료시키기 때문에 세계적으로도 가치를 인정받고 있습니다.

'풍요로움'은 '아름다움'입니다.

즉 풍요를 불러들이고 싶다면 아름다워야 해요.

이때 외적인 아름다움도 중요하지만, 마음 내면의 아름다움을 어떻게 가꾸고 무엇으로 그것을 판단할지는 사실 어려운 이야기입니다.

마음의 아름다움, 내면의 아름다움을 어떻게 정의하고 또 어떻게 판단하면 될까요?

저는 '아름다운 마음', '내면의 아름다움'이란 마음이 얼마나 자유롭냐에 따라 정해진다고 생각해요.

더 자유로운 마음을 가진 사람이 더 아름다운 마음의 소유자라고 말이에요.

마음이 자유롭다는 건 무언가에 얽매이지 않고, 밝고, 가벼운 상태를 뜻합니다. 이 세상에서 가장 가벼운 것은 바로 빛입니다.

'빛'은 영어로 light, '가볍다'도 마찬가지로 light입니다.

밝고 가벼워진다는 것은 빛에 가까워진다는 것을 뜻합니다. 그것이 바로 더 자유로워지는 것이고, 이때 사람은 내면에서 빛이 나며 더욱 아름다워집니다.

결국 방긋 웃으며 '감사합니다'라고 말하면 사람의 내면에서 빛이 나는 원리 역시 그 행위가 '빛'에 더 가까워지는 것이기 때문입니다.

그 행위가 내면의 아름다움을 갈고 닦으니, 마음이 밝고 가벼워져 인간이 가진 본질적인 '빛'이 진정으로 환히 빛나는 게 아닐까요?

돈의 본질도 순수한 의식 에너지이므로 성질이 같은 에너지에 이끌려 모이는 것은 당연한 이치입니다.

세상에서 가장 강한 에너지를 가진 것은 '빛'입니다.
돈이라는 에너지가 더 강력한 빛이라는 에너지를 내뿜는 사람에게 끌려가는 것은 너무도 당연한 일입니다.
마치 '빛'에 이끌려 모이는 여름철 나방처럼 말이죠.

방긋 웃으며 '감사합니다'라고 계속 말하면 '돈'과 '풍요로움'이 제 발로 찾아와 밝고 가볍고 자유로워지며 더 아름다워지는 긍정적인 에너지의 순환이 일어납니다. 위에서 말한 메커니즘이 작용해서가 아닐까요?

풍요로운 돈의 에너지를 끌어당기기 위해, 필요한 마음가짐은 매우 간단합니다.

밝고, 가볍게, 무언가에 얽매이지 않은 자유롭고 아름다운 마음을 가지면 됩니다.

어린아이처럼 항상 설레는 호기심과 솔직한 마음으로 돈을 사용하고, 인생을 즐길 수 있는 계획을 많이 세워두는 것이 중요합니다.

그런 의미에서 보면 그것들과 정반대에 있는 어리석은 이해타산과 계산적 가치관, 장래에 대한 걱정과 불안 때문에 돈을 끌어 모으려고 하면 인생이 제대로 굴러갈 수 없음은 자명합니다.

오늘 수업은 조금 정신적인 요소가 강하고 깊은 이야기로 흘러갔네요.

그런데 이 내용은 매우 중요하므로 마음에 드는 부분을 노트에 정리해 두시기 바랍니다.

그럼 내일 또 만나요.

풍요를 받아들일 준비하기

재미있겠어!
두근두근
두근두근

돈이 들어올
'그릇'을
먼저 준비하기

우와
도서관 버스가
왔다!

이동도서관 프로젝트!!
기름 값으로 딱 500만 원만
있었으면…

금전 본부

많이 달라는 게
도대체 얼마를
말하는 거야!?

아…
돈이 많았으면 좋겠다.
돈이 더 있었으면…

막연하고
애매함

돈이 좋아하는 7가지 말의 주문

돈의 사용처를 구체적으로 정해두기

마음과 겉모습을 아름답게 정돈하고,
밝고 가볍고 자유로워지는 것이 중요

투덜

이해타산과
계산적인 가치관은
돈이 굴러오는 것을
방해합니다

투덜

투덜

풍요를 받아들일 마음을 준비를 해두기

1일 차

2일 차

3일 차

4일 차

5일 차

6일 차

7일 차

8일 차

9일 차

10일 차 ──○ 실천 편

11일 차

12일 차

13일 차

14일 차

'주위에
아무것도 없는
공간 마련하기'

수업도 오늘로 10일 차에 들어섰네요. 이제 얼마 남지 않았습니다.

어제 수업에서는 풍요로움을 받아들일 마음의 준비로 어떤 것이 필요한지 배웠습니다.

'밝고 가벼울 것' '무언가에 얽매이지 않고 자유로운 마음을 가질 것' '내면이 빛날 것' '풍요로움과 아름다움은 서로 연결된다.' 등.

지금까지 배운 대로 우리는 돈에 관해 부정적으로 생각하도록 세뇌를 받아왔기 때문에 이런 '아름다운 마음'과 '돈'은 상반된다고 여기고 있습니다. 밝고 바르고 아름답게 살기 위해서는 왠지 모르게 가난해야 할 것 같다고 생각해요. 돈을 많이 벌고 부자가 되면 마음이 더럽혀질 것처럼 생각하지요.

마음속 어딘가에 그런 생각이 자리하고 있지 않나요?

하지만 이 수업을 통해 계속 이야기했듯이 돈은 우리의 의식 에너지입니다. 돈에는 선과 악이 없어요.

돈을 어떻게 사용하느냐, 어떤 생각, 어떤 마음으로 돈이라는 에너지를 대하는지에 따라 돈은 깨끗해지기도 하고 더러워지기도 하는 것입니다.

물론 마음을 다스리기란 쉬운 일이 아니지요.

마음은 이리저리 쉽게 변합니다. 변하기 쉬운 마음을 붙들고 제어하려 하기보다는 실제 '행동'과 '습관'을 바꾸는 것이 효율적이고 효과적입니다.

오늘은 그런 '마음'에 효과적으로 풍요로움을 끌어들이는 방법을 배워볼게요.

'풍요로움'은 '아름다움'이라는 것에 대해 어제 수업에서도 배웠지요? 간단히 말해서 풍요로움을 끌어들이고 싶다면 자

10일 차 · 실천 편

기 자신과 주변의 환경을 물리적으로 아름답고 깨끗하게 하면 됩니다.

'아름다움'이란 '비추어 보여주는' 것입니다.
'깨끗함'은 '기(氣) 영', 즉 기의 상태가 제로의 상태로 정돈되어 있어야 한다는 것이지요.

즉 자신과 주변의 환경을 아름답고 깨끗하게 정돈하는 것은 자신의 에너지를 중립적인 상태로 정돈하고, 그것을 외부로 비추어 보여주는 일입니다. 여기에 '아름다움'과 같은 파동을 가진 '풍요로움'의 에너지가 모이고 흘러들어오는 메커니즘이 작용하는 거예요.

자기 자신과 주변의 환경을 물리적으로 깨끗하게 하는 행위는 다름이 아닌 '청소'입니다.
아름답고 깨끗하게 한다고 하면 왠지 모르게 장식하고 꾸미는 행위를 떠올릴지도 모르겠네요. 하지만 장식하고 꾸미는 것은 깨끗하고 아름답게 하는 것과는 다릅니다.

물론 더 깨끗하고 아름다워지기 위해 패션에도 신경을 써야겠지만, 어디까지나 기본은 '깨끗함'='기 영'입니다. 그리고 그 사람다움이 그대로 드러나는 자연체로서의 모습이 중립적인 '0'의 상태입니다.

이렇게 되려면 불필요한 것을 덜어내고 안팎을 깨끗하게 정돈하고 청소하는 것이 먼저입니다.

'풍요로움'을 원한다면 청소는 필수입니다.

실제로 번창하는 가게 중에 청소를 제대로 하지 않는 곳은 없습니다. 풍요로움의 상징인 고급 호텔이 지저분하다면 어떨까요? 그 고급스러움, 풍요로움의 파동이 사라지지 않을까요? 신사에 언제 방문해도 기분이 좋은 까닭은 늘 깔끔하게 청소되어 있기 때문입니다.

'청소'가 되어 있지 않은 신사에는 신도 머무르지 않는다고 하는걸요.

청소는 돈뿐만 아니라, 다양한 풍요를 끌어들이기 위한 필수 조건입니다. 정리 정돈하고 필요 없는 물건을 처분하는 등 철저하게 청소하세요. 이것이야말로 풍요로움을 끌어들이기 위해 가장 효과적이면서도 효율적인 실천 사항입니다.

그중에서도 더 빨리, 더 큰 풍요를 끌어들이고 싶다면 '화장실 청소'를 깨끗이 해야 합니다.

'화장실'과 '금전운'이 관련 있다는 이야기를 들어본 적이 있을 거예요.

예전에는 '화장실'을 부정한 곳으로 여겼습니다.

배설물이 머무는 곳이니 틀린 이야기는 아니지만, 그런 '부정한 장소'를 지저분한 상태로 집 안에 방치해 두면 좋을 리가 없겠지요. '부정한 장소'를 플러스마이너스 제로인 '기영'의 상태로 정돈하지 않고 집 안 혹은 자신을 중립적인 상태로 만들었다고 할 수 있을까요?

이전에 유행한 '화장실의 신'이라는 노래를 기억하나요? 그 노래 가사는 다 맞는 말입니다.

예로부터 화장실에는 부정한 것을 깨끗하게 만드는 힘을 가진 신이 존재한다고 했어요. '청소'를 통해 화장실을 깨끗하게 정돈하면 그 신의 힘이 활성화되어서 모든 좋은 일을 끌어당기는 원동력이 된답니다.

실제로 연예인 중에도 화장실 청소를 열심히 하는 분들

이 많다고 들었어요.

실은 저 역시 벌써 십수 년 동안 화장실 청소를 열심히 하고 있습니다.

1년 동안 '감사합니다'를 외치면서 화장실 청소를 계속했어요.

그러니 그 큰돈이 굴러들어온 것도 절반은 '감사합니다'라는 말 덕분, 나머지 반은 화장실 청소 덕분이 아닐까 싶어요.

'화장실 청소'를 하는 모습은 기본적으로는 남이 보지 못합니다.

타인에게 보여줄 모습이 아닙니다. 사실 "화장실 청소를 한다"라고 남들에게 이야기하는 것도 그리 권하지 않습니다.

남에게 말하거나 보여주면 화장실 신의 금전운과 행운의 힘이 새어나가므로, 솔직히 저도 말하지 않는 편입니다.

'화장실 청소'와 '금전운' 사이의 메커니즘은 아직 밝혀진 게 없습니다. 단 저는 체험으로 효과를 본 경우이므로 그 효과를 장담할 수 있습니다.

주변의 여러 장소를 청소한다면 금상첨화입니다. 다만 돈과 풍요로움을 끌어들이려는 목적과 효율을 생각하면 집 안에서도 가장 부정한 장소인 '화장실 청소'에 집중하는 편이 좋습니다.

먼저 집의 '화장실 청소'부터 시작해 보세요.

그런 다음에 직장, 나아가 밖에서 자신이 사용한 화장실로 청소 대상을 확대해 나가길 권해드립니다.

화장실을 사용한 후에는 앉은 자리와 변기 주변의 지저분한 부분을 휴지로 닦아내고, 변기의 뚜껑은 꼭 닫아주세요. 이것이 기본 동작입니다.

그리고 화장실 청소는 '화장실 세정 용품 사용하기' → '도구 사용하기' → '장갑 끼고 하기' → '맨손으로 하기'처럼 청소의 난이도에 따라 금전을 끌어들이는 힘도 강해진다고 해요.

가령 도구로 청소해 만 원의 임시 수입이 들어왔다고 생각해 봅시다. 장갑을 끼고 청소하는 것으로 바꾸면 흘러들어오는 돈의 단위에 0이 하나 더 붙어서 10만 원의 임시 수입이 되고, 또 맨손으로 하면 또 0 하나가 더 붙어서 100만 원의 임시 수입이 들어온다는 식이지요. 이렇게 화장실 청소의 난이도에 따라 풍요의 등급이 올라가니 기대감을 갖고 도전해 보세요.

'화장실 청소'와 더불어 금전운을 끌어들이기 위해 꼭 실천해야 할 것이 또 하나 있습니다. 바로 '아무것도 없는 공간을 마련하는 일'입니다.

우주에는 '아무것도 없는 공백을 메우려고 하는' 성질이 있습니다.

빈 상자를 보면 자신도 모르게 무엇을 넣어볼지 생각하게 되는 것과 똑같은 원리가 우주 에너지에도 작용합니다.

그러니 집 안에 아무것도 없는 공간을 마련하는 것은 풍요로움을 끌어들이기 위해 매우 중요한 활동입니다.

실제로 고급 호텔이나 고급 여관, 고급 브랜드 매장일수록 여백의 공간, 즉 아무것도 놓이지 않은 면적이 더 큽니다.

빈 공간에는 아무것도 없는 것이 아닙니다. 풍요로움의 파동 에너지가 흘러들어오기 때문에 고급스러움이 연출되는 거예요.

얼마 전까지만 해도 물건이 가득한 상태가 풍요로움의 상징이라고 착각하며 살았습니다.

이 역시 일종의 부정적인 세뇌이지요. 하지만 세상이 이토록 풍요로워지고 물건으로 넘쳐나는데, 정작 우리는 풍요를 실감하기가 쉽지 않습니다.

물건이 넘쳐나거나 발 디딜 틈도 없는 방을 보고 '풍요로움'을 느끼나요?

진정한 '풍요로움'이란 흘러넘칠 정도의 물건이 아니라 아무것도 없는 공간 속에 있습니다. 거기에 모든 풍요로움이 가득하다는 것을 진정한 부자들은 이미 잘 알고 있었어요.

'풍수'의 기본은 '정리학'이라고 합니다.

집 안을 정리하여 '기' 에너지가 통과할 길을 확보하고, 우주의 에너지를 집 안으로 끌어들이기 위한 방법을 정리한 것이 '풍수'입니다.

과거의 부자들은 그런 노하우를 알고 있었기에 부잣집에 가보면 정리 정돈이 잘 되어 있고, 청소가 되어 있으며, 아무것도 없는 공간이 많았습니다.

집에 빈 공간을 마련하는 것이 풍요로움의 에너지를 끌어들이는 비결입니다.

새 옷이 갖고 싶으면 먼저 낡은 옷을 처분하고 옷장에 빈자리를 만드세요. 더 크고 넓은 집으로 이사하고 싶다면 지금 집을 정리하여 되도록 마룻바닥이 보이는 면적을 늘리고 집 안의 빈 공간 비율을 높이세요.

이것이 바로 풍요로움을 끌어들이기 위해 꼭 필요한 비결이며, 구체적이고도 효과적인 실천 사항이므로 가능한 부분부터 실천해 보시기 바랍니다.

기다리고 기다리던 마법의 주문입니다.

오늘 마법의 주문은 '저는 **우주의 무한한 풍요로움을 받아들일 준비가 되어 있습니다**'입니다.

우주의 '무한한 풍요로움'을 받아들이기 위해서는 물심양면으로 준비가 필요합니다.

밝고, 가볍고, 자유롭고 얽매이지 않는 마음으로 자신과 주변 사람 모두가 기뻐할 만한 돈의 사용처를 생각하고 준비해 두세요. 정리 정돈과 청소를 철저히 하세요. 특히 풍요로움과 직결되는 화장실 청소는 필수이며, 집 안에 빈 공간을 마련하여 풍요로움의 에너지가 언제든 흘러들어올 수 있도록 만드세요.

이렇게 '무한한 풍요로움'을 받아들이기 위한 준비가 되었다면 우주에 선언하기 위한 마법의 주문을 외칠 때입니다.

이 주문을 외칠 때는 눈을 감고, 두 손을 든 채 손바닥은 하늘을 향합니다. 하늘에서 쏟아지는 풍요로움의 에너지를 두 손과 온몸으로 받아들인다는 자세로 아침저녁으로 세 번씩 말하면 효과가 있습니다.

부디 화장실 청소와 정리 정돈, 집의 공백 비율을 높이는 실천 사항과 더불어 마법의 주문을 외쳐보세요.

오늘의 실천 사항은 여기까지입니다. 내일 또 만나요.

저는 우주의
무한한 풍요로움을
받아들일 준비가
되어 있습니다

10일 차 • 실천 편

주위에 아무것도 없는 공간을 마련하기

풍요로움의 에너지를 끌어들이는 효과적인 실천 사항 ①

〈화장실 청소〉

기본 동작 (사용 후)

> 변좌와 변기 주변의
> 지저분한 부분을
> 휴지로 닦는다.

> 변기 뚜껑은
> 꼭 닫는다.

'화장실 청소'의 난이도에 따라 금전운 향상!

쉬움 ➜ 어려움

> 세정제
> 사용하기

> 락스 세정제
> 사용하기

> 고무장갑 끼고
> 청소하기

> 맨손으로
> 청소하기

임시 수입도 생겨요

풍요로움의 에너지를 끌어들이는 효과적인 실천 사항 ②

〈아무것도 없는 빈 공간을 마련한다〉

새 옷을
갖고 싶다면…

안 입는 옷은
처분하기

깔끔!
옷장의 공백률 높이기!!

더 넓은 집에
살고 싶다면…

어수선한 집을
정리하기

깔끔한 바닥이 보이는
면적을 늘리기!

집에 '아무것도 없는 공간'을 늘려서
'풍요로움'의 에너지가 흘러들어올 수 있도록 준비하자

10일 차 · 실천 편

'풍요의 에너지를
돈으로
바꾸는 방법'

오늘 컨디션이 어떤가요? 그냥 그런가요? 왠지 좋은 것
같나요? 아주 좋은 상태인가요?

프로야구 요코하마 DeNA 베이스타즈의 감독이던 나카하
타 씨는 현역 시절 컨디션이 어떠냐는 질문을 받으면 늘 '아
주 좋다'고 답했다고 해요. 이것은 매우 적절한 대답입니다.

'감사합니다'라는 말이 가진 힘에 대해 이야기했던 대로
말에는 현실을 창조하는 힘이 있습니다. 현상이 먼저 존재하
는 것이 아니라, 말이 먼저이고 그것이 현상을 일으킵니다.
　그러니 살짝 컨디션이 좋지 않더라도 "몸이 좋지 않아요"
라고 말해서는 안 됩니다. 그렇게 말하면 정말로 몸에 안 좋

은 에너지가 모여들어 상태가 악화될 뿐입니다.

진심으로 풍요로워지길 바란다면 부정적인 말은 입에 담지 마세요. '돈이 없다, 힘들다, 가난하다, 미래가 걱정이다'라는 생각이 들더라도 이를 말로 내뱉어선 안 됩니다.

이 세계에서는 '생각하는 것'보다 '입에 담은 말'이 현실화되는 힘이 더 강하니까요.

그러니 진심으로 풍요로워지고 싶다면 나카하타 감독처럼 늘 '아주 좋은 상태'라는 긍정적인 말을 입버릇처럼 해야 합니다.

구체적으로는 '기쁘다, 즐겁다, 해냈다, 훌륭하다, 행복하다' 등의 긍정적인 말을 입버릇처럼 하는 것이 중요하니, 잘 기억하세요.

우주에는 돈 에너지의 가치가 높고 미소 에너지의 가치는 낮다는 기준이 존재하지 않습니다. 그러한 기준은 이곳 3차원의 물질세계에서만 통합니다.

그러니 열심히 '감사합니다'라는 말을 하고 화장실 청소를 한다고 하더라도 돈 에너지를 받아들이기 위한 준비를 하고 풍요로운 돈을 담을 그릇을 마련해 두지 않으면 돈 에너지는 찾아오지 않아요.

'에너지는 내놓는 것이 먼저, 받는 것은 나중', '내가 먼저 내놓은 에너지가 훗날 내가 받는 에너지가 된다'라는 우주의 법칙은 진실입니다. 단 먼저 내놓은 에너지가 반드시 돈이라는 에너지로 변환되어 돌아오는 것은 아닙니다.

내놓은 에너지에 상당하는 에너지는 틀림없이 되돌아오는데, 그것을 돈 에너지로 변환시키기 위해서는 좋은 생각과 비결이 필요합니다.

그 비결은 바로 '돈'이 들어올 경로(루트)를 많이 준비하는 것이에요.

우주에는 아무것도 없는 공간을 채우려는 성질이 있다고 말씀드렸지요? 돈 에너지를 끌어들이고 싶다면 돈이 흘러들어올 수 있는 공간을 많이 준비해 두어야 합니다.

기껏 많은 에너지를 우주로 먼저 날려 보내도 그 에너지에 알맞은 돈을 받을 그릇이 없다면, 우주에서 돌아오는 에너지는 미소나 감사의 말, 행운, 좋은 사건처럼 다른 형태로 돌아올 수밖에 없어요. 우주 입장에서는 당신이 바라는 돈 에너지로 돌려보내고 싶어도 그것을 받아들이기 위한 그릇, 넣을 곳이 먼저 준비되어 있지 않으면 어쩔 수가 없기 때문입니다.

예를 들어 직장인인 당신에게 몇 년 동안 안정적인 월급이 보장된다고 가정해 봅시다. 이 경우 우주는 당신에게 돈 에너지를 선물하려고 해도 선물할 곳을 마땅히 찾을 수 없는 상태입니다.

안정된 월급이 보장된다는 건 그 이외의 수익을 얻을 수단을 생각하지 않아도 된다는 뜻이기 때문이지요. 돈이 들어오는 경로는 하나뿐이고, 경로의 크기나 굵기도 고정되어 있습니다.

이런 상태에서는 우주가 돈 에너지를 늘려주기가 어려워요.

실제로 '안정'과 '자유'는 상반됩니다.
돈의 흐름이 안정되어 있다는 건 그만큼 돈에 대한 자유도가 낮다는 이야기입니다. 안정된 수입이 있다면 그만큼 스스로 자유도가 제한되어 있을 거예요. 이 상태에서는 우주가 돈 에너지를 흘려보내고 싶어도 받을 그릇이 부족합니다.

따라서 지금보다 더 큰 돈의 흐름을 끌어들이고 싶다면 먼저 돈이 흘러들어올 수 있는 경로를 늘려야 합니다.

예컨대 회사에 근무한다면 월급 이외에 돈이 들어올 구멍을 만들어야겠지요.

가령 본업 이외의 부동산이나 주식 투자에 도전하거나 인터넷을 이용해 부업 등을 해 보는 방법도 있어요.

저는 주말 창업에 도전해 보라고 권합니다.

직장은 계속 다니면서 주말을 이용해 새로운 비즈니스에 도전하는 것이지요. 단, 이 경우에도 돈만을 목적으로 삼지 않고 자신이 정말 좋아하는 일을 돈으로 바꾼다는 관점을 기억하세요.

실제로 자신이 잘하는 분야, 좋아하는 분야의 비즈니스를 하는 것이 돈이 들어오는 경로를 늘리는 가장 효과적이고 효율적인 방법입니다. 우주에서 보내주는 풍요로움의 에너지를 돈으로 바꾸기 위해서도 가장 권장할 만한 접근 방식이지요.

물론 부업을 인정하지 않는 회사도 있을 것이고, 직장인이지만 회사의 급여만으로 억만장자가 되는 분도 있을 것입니다.

좋은 에너지를 받아들이기 위해 돈이 들어올 그릇을 준비한다는 것은 돈이 들어오는 경로를 늘린다는 접근뿐만 아니라, '돈이 들어오는 파이프를 굵고 크게 만드는' 기법도 효과적인 수단임이 틀림없습니다.

돈이 들어오는 경로를 늘릴지 파이프를 더 두껍고 크게 만들지는 각자의 근무 방식이나 성격, 삶의 방식에 따라 달라집니다. 딱히 어느 것이 좋다, 나쁘다고 할 수 없어요. 그저 취향의 차이일 뿐입니다.

다만 일반적으로는 지금 있는 장소, 즉 현 직장에서 돈의 파이프를 굵고 크게 만드는 것이 우선해야 할 접근 방식입니다.

당연한 말이지만 지금의 직장에서 빛나지 못하는 사람은 어디에 가도 빛나지 않습니다.

지금 있는 직장이 '지금의 당신'에게 가장 좋은 직장입니다.

'우연' 따위는 없습니다. 그러니 그곳에서 빛나지 못한다면, 지금의 직장에서 돈의 파이프를 굵고 크게 만들지 못한다면 다른 곳에서도 돈의 경로를 늘리기는 어렵습니다.

독립을 생각한다면 직장에서 아쉬워할 만한 존재가 되어야만 합니다. 현재의 직장이 맞지 않아서 독립을 생각한다는 것은 도망치기 위한 변명이에요.

그렇게 해서는 안타깝지만, 돈의 파이프가 굵어지고 커지는 것, 또한 돈의 경로가 늘어나는 것을 기대하기 힘듭니다.

지금의 직장에서 최선을 다해 출세하고, 높은 평가를 받아 월급을 늘리는 것이 돈의 파이프를 굵고 크게 만드는 길입니다.

조금만 더 같이 일하자고 하면서 경영자와 상사가 붙잡는 존재가 되었을 때 비로소 독립할 준비가 되는 것입니다.

현대의 사회 시스템을 생각해볼 때 정말로 풍요롭고 행복하게 그리고 자유롭게 살고 싶다면, 가장 좋아하는 것을 일로 삼아 창업하는 것이 최단 코스임은 틀림없습니다.

독립해서 창업하면 자신의 재량에 따라 돈이 들어오는 경로는 얼마든지 늘어납니다.

기본적으로 어떤 비즈니스를 할 것인지도 자유인데, 자신이 아주 좋아하는 분야라면 더욱 좋습니다.

인터넷 환경을 활용하거나 많은 점포를 내고 세계적으로 진출하는 등 가능성은 무한하게 확장됩니다.

물론 더 많은 돈을 끌어들이기 위해서는 당장 직장을 그만두고 창업을 해야만 한다고 권장하는 것은 아니니 오해 마세요.

창업하는 분이 더 많은 돈의 에너지를 끌어들이기 쉬운 건 사실이지만, 그와 동시에 더 많은 돈 에너지가 나갈 가능성도 높아집니다.

연간 10억 이상 버는 사람은 1년에 10억 이상의 부채를 끌어안을 위험도 높아진다고 보면 됩니다. 저금이 100만 원밖에 없는 사람은 아무리 애써도 10억의 부채를 끌어안을 수가 없거든요.

게다가 돈을 많이 버는 것을 가장 큰 목표로 삼아 독립하고 창업하면 대부분은 돈 때문에 문제에 휘말리거나 돈이 원인이 되어 실패할 가능성이 높다는 사실도 부정할 수 없습니다.

 사업이 궤도에 오르고 많은 돈을 벌면 어느 정도 목표가 달성되므로, 그 시점에 목표를 잃는 경우가 많습니다.
 실은 저도 한신·아와지 대지진을 겪었을 당시가 마침 그런 타이밍이었습니다.
 어느 정도 사업은 궤도에 오르고 독립 전에 목표로 했던 풍요는 거의 실현되었기 때문에 목표를 잃어버렸던 시기였지요.

 제 경우 그때 한신·아와지 대지진을 경험하지 않았다면 더 많은 돈을 쫓다가 분명 더 큰 인생 문제에 휘말렸을 거예요. 그런 의미에서는 그 시점에 대지진을 경험한 것은 정말로 다행이었다고, 지금은 진심으로 그렇게 생각합니다.

 돈도 에너지인 이상 쫓아가면 도망갈 뿐입니다.
 물을 움켜쥘 수 없듯이 돈도 움켜쥐려고 하면 여러 구멍으로 빠져나갑니다. 그럴 때일수록 수중에 있는 돈을 기분 좋게 사회에 내놓으세요.

목욕탕에서 내 앞에 있는 물을 밀어내면 밀려나간 물은 욕조 벽면에 부딪혀 순환하고, 마침 알맞은 온도의 물이 되어 다시 내게로 돌아옵니다. 돈을 기분 좋게 내놓는다는 것은 이와 같은 일입니다.

돈을 받아들이기 위한 그릇을 준비하거나, 돈이 흘러들어 올 경로를 늘리고 파이프를 굵게 만드는 것은 모두 우주가 보내는 풍요로움의 에너지를 돈으로 바꾸기 위한 중요한 행동입니다.

하지만 이렇게 '돈을 받아들이기 위한 준비를 하는 것'과 '자신의 상황에 맞춰 돈의 흐름을 멋대로 끌어당기는 것'은 비슷해 보이지만 다른 일입니다.

이 부분을 착각하지 마세요. 혼란스럽다면 꼭 이 수업을 처음부터 다시 한번 들어보시면 좋겠습니다.
이쯤에서 오늘의 수업은 마치고 내일 뵙겠습니다.

풍요의 에너지를 돈으로 바꾸는 방법

① 긍정적인 말하기

기쁘다

해냈다

기쁘다

즐겁다

훌륭해

② '돈'이 들어올 경로(루트)를 많이 준비하기

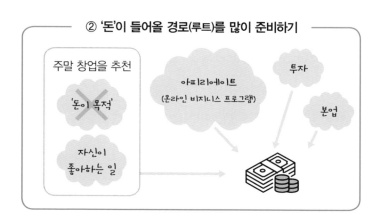

주말 창업을 추천

'돈이 목적'

자신이 좋아하는 일

아피리에이트 (온라인 비지니스 프로그램)

투자

본업

돈이 좋아하는 7가지 말의 주문

③ '돈'이 들어오는 파이프를 크고 굵게 만들기

본업

지금의 직장에서 최선을 다하기

↓

출세하고 좋은 평가를 받기

↓

월급을 늘리기

'당신의 지갑이
당신의 금전운을
좌우한다'

안녕하세요. 이 수업도 오늘을 포함해 앞으로 3일 남았네요.

좀 빨랐나요? 딱 알맞은 정도인가요? 아니면 힘든 상태인가요? (웃음)

지난번 수업에서 돈의 그릇을 준비하는 두 가지 접근 방식으로 돈이 들어오는 경로를 늘리는 것과 돈이 흘러들어오는 파이프를 굵게 만드는 것에 대해 배웠습니다.

그런데 물리적으로 생각했을 때 당장 돈이 들어오는 경로를 늘리거나 파이프를 굵게 만들기란 쉽지 않습니다.

'말처럼 쉽지 않아요…'라고 말하고 싶은 마음은 저도 잘 압니다.

그래서 이번에는 더 빨리 효과를 낼 수 있는 방법에 대해 배워볼까, 합니다.

우선 그 전에 자기 자신과 집을 잘 정리하고 청소를 철저히 하세요.

집에 물건을 잔뜩 꺼내놓는 것은 좋지 않습니다. 되도록 사용한 물건은 원래 있던 장소에 정리해 두도록 하세요.

특히 현관은 화장실과 더불어 금전운을 좌우하는 매우 중요한 포인트입니다.

우주의 '풍요로움'의 에너지도 현관을 통해 들어오므로 현관에 신발을 벗어서 던져놓은 상태로 두는 것은 되도록 피해야 합니다. 신발은 신발장에 넣어 정리하고, 나와 있는 신발이 있더라도 가지런하게 정리해 두어야겠습니다.

화장실 청소는 물론 집 안의 빈 공간을 늘리는 것이 돈을 비롯한 풍요로움의 에너지를 끌어들이기 위해 꼭 필요한 준비이니 꼭 실천해 보세요.

그런 준비가 제대로 되어 있다는 전제하에서 오늘의 실천 사항을 알아보겠습니다.

거듭 말씀드리지만, 돈은 우리의 의식 에너지가 형태를 띤 것입니다.

에너지의 성질상 같은 에너지는 서로 끌어당기고 모이기 쉽습니다.

즉, '풍요로움'을 끌어당기고 싶다면 자신이 풍요로움의 에너지를 갖추고 스스로 풍요로움의 파동을 만들어 내야 해요.

돈을 끌어당기고 싶다면 돈 에너지를 몸에 감싸고 스스로 먼저 돈을 사회에 환원시켜야 합니다.

이것이 바로 지금까지 이 수업을 통해 배워온 내용입니다.

오늘은 그것을 위한 구체적인 접근법을 배워보겠습니다.

우선 풍요로움에 대해서인데요. 풍요로움의 에너지를 갖추기 위해서는 자신을 풍요롭게 하는 수밖에 없습니다.

풍요로움의 파동을 스스로 조정하는 것이 오늘의 첫 번째 실천 사항입니다.

구체적으로는 고급 호텔의 라운지에서 차를 마시거나, 고급 의류 매장에서 윈도우 쇼핑을 즐기거나, 비행기의 비즈니스석에 타보는 등 풍요의 파동을 지닌 장소에 가는 거예요.

물론 거기에 돈을 투자하려면 용기와 결단이 필요하지요.

몇 천 원이면 마실 수 있는 커피를 굳이 몇 배나 되는 돈을 지불하면서 마신다는 것은 좀 어리석게 여겨질 수도 있을 겁니다. 하지만 그 가치의 차이는 스스로 체험해 보지 않는 한 알 수 없으니까요. 처음에는 익숙하지 않을지도 모르겠지만, 이것이야말로 지금까지의 보통의 파동에서 풍요로움의 파동으로 옮겨가고 조정해 가고 있는 증거입니다.

저는 고급 호텔에 묵으라고 권합니다. 사람은 자는 동안에 장소의 파동으로부터 가장 많은 영향을 받습니다.

그러니 진심으로 풍요로움의 파동을 원한다면 자비를 들여서라도 고급 호텔에 묵어보는 것이 가장 효율적인 접근 방법입니다.

그런 의미에서 보면 어디에서 자느냐, 즉 어디에 사느냐는 풍요로움의 파동을 얻기 위해 매우 중요한 요소라고 할 수 있겠습니다.

방이야 본인이 쓰기에 따라 어떻게든 깨끗하게 할 수 있지만, 사는 지역 환경은 혼자의 힘으로는 어떻게 할 수 없는 부분입니다.

사람이 자신의 인생을 바꾸는 방법은 세 가지가 있다고 합니다.

시간 사용법 바꾸기, 만나는 사람 바꾸기, 사는 장소 바꾸기입니다.

그중에서도 사는 장소를 바꾸는 것이 인생을 바꾸는 데는 가장 즉각적인 효과를 가진 접근법이라고 하겠습니다.

'풍수' 등을 신경 써서 살 집을 고르는 것도 좋지만, 사실 집값과 풍요로움의 파동은 거의 비례합니다.

집세가 비싼 곳은 당연히 주위 환경도 좋을 것이고, 그 지역에서 사는 사람들도 풍요로움의 파동을 가지고 있을 거예요. 그런 의미에서 다소 무리해서라도 비싼 집으로 이사할 가치가 있다고 생각합니다.

이것이 풍요로움을 받아들이기 위한 그릇을 먼저 준비하는 실천 연습으로도 이어짐을 꼭 기억해 두세요.

이 밖에도 '풍요의 파동'을 스스로 조정하기 위한 구체적인 방법은 많습니다.

- 새 속옷, 새 옷 입기
- 빛나는 것, 되도록 진짜 빛나는 것을 몸에 걸치기

- 아침에 샤워하기

- 아침 햇볕 쬐기

- 매일 목욕하기

- 늘 많은 현금을 지니고 다니기

   이 중에서도 풍요로움의 파동을 가졌을 뿐만 아니라, 돈을 가장 직접 끌어당기는 방법은 많은 현금을 지니고 다니는 것입니다.

   '돈이 돈을 부른다'라는 이야기를 들어본 적이 있지요? 돈을 에너지로 생각하면 지극히 당연한 말입니다.
   저금리 상태가 이어지고 있는 요즘, 은행에 예금을 한다 해도 이자로는 수익을 얻기가 매우 어려워졌습니다.

   그렇다면 그중 일부라도 좋으니, 평소에 많은 현금을 가지고 다님으로써 같은 돈 에너지를 끌어당기고, 풍요로움의 파동을 끌어당기는 편이 훨씬 효과적이지 않을까요?

   단, 많은 현금을 가지고 다닐 때 중요한 것이 하나 있습니다.
   그것이 오늘 두 번째 실천 사항인 지갑을 바꾸는 일입니다.

우리는 평소 돈이라고 하면 가장 먼저 지갑을 떠올립니다.

실제로 지갑은 우리가 가진 돈에 대한 의식의 상징이에요.

당신의 지갑이 지금 당신의 경제 상황을 반영하고 또 돈에 대한 의식을 보여주고 있다는 말입니다. 풍요로움의 파동을 갖추고 돈을 끌어당기고 싶다면 가장 효율적이고 효과적인 접근 방법은 지갑을 바꾸는 일입니다. 지갑을 바꾸지 않고 많은 현금을 가지고 다닌다면 효과는 반으로 줄어듭니다. 자칫 잘못하면 마이너스가 될 수도 있으니, 주의가 필요해요.

오랜 시간에 걸쳐 스며든 돈에 대한 부정적인 의식을 바꾸기란 그리 간단한 일이 아닙니다.

하지만 지갑은 쉽게 바꿀 수 있습니다. 지금 가지고 있는 지갑 속을 정리하는 정도는 몇 분이면 가능할 겁니다. 단지 그것만으로도 당신의 돈에 대한 의식을 바꿀 수 있고, 풍요로움의 파동이 돈을 끌어당길 수도 있습니다.

자, 지금부터 지갑을 바꾸고 풍요를 끌어당긴 체험담을 하나 소개하겠습니다.

지갑을 바꾸고 3일 후 남편의 재취업이 결정되었습니다

(AS 씨, 41세 주부)

하즈키 씨의 책을 읽고 나서 다소 고가의 새로운 장지갑을 샀습니다. 지갑이 너무 멋지고 진심으로 소중히 여겨야겠다는 마음과 함께 저의 돈에 대한 생각도 바뀌는 것을 느꼈습니다. 실은 지갑을 구입했을 때 다음 달 이후 남편의 수입원이 백지 상태여서 불안했는데, 새 지갑으로 바꾼 지 3일 후에 남편이 새 직장으로 출근하라는 연락을 받았습니다. 정말로 마법 같은 일이었죠. 효과가 너무 빠르게 나타나서 솔직히 무언가에 홀린 것은 아닌가 싶었습니다. 지금도 그 지갑은 잘 정돈되어 있고, 지갑 전용 서랍 안에 부드러운 천으로 덮어두었다가 사용할 때마다 깨끗하게 닦아서 매우 소중하게 쓰고 있습니다. 지금 내가 가진 작은 풍요로움도 깨닫게 되자, 남편과의 관계도 이전보다 훨씬 좋아졌습니다. 저는 행복합니다.

어떤가요? 너무 과장된 이야기 같나요? 아니면 '이런 일이 나한테도 일어날지 몰라' 하고 흥분되기 시작하나요?

사실 이 실제 사례처럼 지갑을 바꾸는 실천 연습은 매우 강력하고 즉각적인 효과가 있으며, 돈을 끌어당기는 힘도 강합니다. 그런데 이 내용을 여기서 소개하는 것은 나름의 이유가 있습니다.

돈에 대한 부정적인 의식이 강한 상태에서 지갑만 바꾼다면 '지갑에 의존하기' 쉽습니다.

'돈이 없으면 걱정이다' '꼭 돈이 있었으면 좋겠다'라는 생각을 가지고 있어도 지갑을 바꾸면 나름의 금전운을 끌어들일 수 있습니다.

다만 부정적인 생각을 가진 채로 지갑을 바꾸고 금전운의 혜택을 받는다 하더라도 그것은 부정적인 에너지가 들러붙은 돈을 일시적으로 끌어당긴 것뿐입니다. 그 상태에서는 진정한 의미의 풍요로움이나 행복은 얻을 수 없습니다.

하지만 당신은 지금까지 수업을 들어왔기 때문에 돈에 대한 부정적인 의식은 사라지고 풍요로움의 파동을 받아들일 준비가 되어 있을 것입니다.

그렇기에 지갑을 바꿈으로써 더 큰 풍요의 파동과 긍정적인 돈의 흐름을 끌어당길 수 있다고 말씀드리는 것입니다.

참고로 지갑을 바꿀 때 유의할 점은 다음과 같습니다.

1. 기본적으로 돈 이외에는(영수증, 진찰권, 부적, 메모, 명함 등) 지갑에 넣지 않을 것

2. 지갑 내에 돈의 바른 위치를 정해둘 것(특히 만 원짜리 지폐는 가장 좋은 자리에 보관할 것)

3. 동전과 지폐는 구분하여 지니고 지갑 안에서 섞이지 않도록 할 것

4. 지폐의 방향(지폐에 있는 인물 얼굴이 정면으로 오도록)을 늘 정리해 둘 것

5. 만 원짜리 지폐는 늘 신권으로 준비하고 되도록 100만 원 정도는 늘 지니고 다닐 것

지갑은 기본적으로 '생명체'처럼 다루어야 합니다.

같은 지갑을 오래 사용한다는 것은 금전운이 변하지 않았다는 증거입니다. 본래라면 뱀이 탈피를 거듭하듯이 금전운이 상승하면 지갑도 새로 바꾸고 매년 업그레이드하는 것이 이상적입니다.

이때 지폐를 접지 않고 넣을 수 있는 장지갑을 고르세요. 수납이 불편하다는 게 단점이지만 진정으로 풍요로워지기를 바란다면 꼭 장지갑을 사세요.

저는 항상 '지갑은 돈의 집'이라고 말합니다.

돈의 입장에서 생각해보면 느긋하게 쉴 수 있는 환경을 만들어 주는 것이 지갑을 바꿀 때의 중요한 포인트예요.

부자가 되고 싶고, 더 풍요로워지기를 바란다면 돈의 사랑을 받는 존재가 되어야 해요. 돈의 사랑을 받으려면 돈의 상징인 지갑을 소중히 다루고 돈이 머무르기에 편한 상태로 늘 정리 정돈해두어야 합니다.

이것이야말로 풍요로움의 파동을 몸에 지니고 돈을 끌어당기기 위해 꼭 필요한 실천 사항입니다. 가능한 범위 내에서 지금 당장이라도 시도해 보시기 바랍니다.

자, 마지막으로 오늘의 마법의 주문입니다.

오늘의 주문은 '**저는 저 자신이 정말 좋습니다. 저는 제 지갑이 정말 좋습니다. 저는 돈이 정말 좋습니다**'입니다.

진심으로 풍요로워지고 싶다면 돈의 사랑을 받아야 합니다.

돈의 사랑을 받으려면 먼저 돈을 사랑해야 합니다.

당신이 진심으로 돈을 사랑하지 않으면 돈의 사랑을 받을 수 없어요.

돈을 사랑하고 정말 좋아하려면 돈의 상징인 지갑을 사랑하고 좋아해야 합니다.

그리고 그런 자기 자신을 사랑하고 좋아해야만 하지요.

매일 아침저녁으로 지갑을 가슴에 대고 이 주문을 세 번 소리 내어 말해보세요.

처음에는 조금 어색할지도 모르지만, 이 주문을 반복하는 것이 돈을 사랑하기 위한 장벽을 제거하는 길이며 돈과 풍요로움이 흘러들어오는 파이프를 굵게 만드는 길이기도 합니다.

꼭 용기를 내서 도전해 보세요. 오늘의 실천 사항은 여기까지이고 내일 또 만나기로 해요.

저는 저 자신이
정말 좋습니다.

저는 제 지갑이
정말 좋습니다.

저는 돈이
정말 좋습니다.

당신의 지갑이 당신의 금전운을 좌우한다

돈을 끌어당기는 '그릇'을 만드는 실천 연습 ①

〈풍요로움의 파동을 가진 장소에 가기〉

아~ 쾌적해

고급 의류매장에서
윈도우쇼핑 하기

비즈니스 클래스,
특실 좌석 이용하기

고급 호텔의
라운지에서 차 한 잔

특별 추천!

당님에게 건배!
고급 호텔에서 숙박하기

거주 장소을
변경하기

돈이 좋아하는 7가지 말의 주문

돈을 끌어당기는 '그릇'을 만드는 실천 연습 ②

〈지갑 바꾸기〉

1. 돈 이외의 물건은
넣지 않기
(영수증 부적 포인트 카드 등)

2. 돈의 위치를 정해두기
(5만 원권은 가장 좋은 곳에 보관)

3. 동전과 지폐를
나누어 지니고 다니기

지갑은 돈의 집

4. 지폐의 방향이 같도록
정리하기

5. 만 원짜리 지폐는
신권을 준비하기.
늘 100만 원 정도는 휴대하기

돈이 기분 좋게 머물 수 있는 상태를 유지하는 것은
'풍요로움의 파동'을 갖추고 돈을 끌어당기는 길

12일 차 • 실천 편

모든 사람에게는

자기 그릇에 맞는

'풍요'가 준비되어 있다

안녕하세요. 이제 마지막 두 번의 수업이 남았네요.
오늘도 바로 수업을 시작해 보겠습니다.

참, 이 시점에서 질문이 있습니다.
당신에게 돈이란 무엇인가요?

구체적으로 생각하기 쉽도록 돈을 사람에게 비유해 봅시다.
당신에게 돈은 사람에게 비유한다면 어떤 사람인가요?
당신이 소중하게 여기는 아이인가요? 아니면 당신을 엄격하
게 관리하고 지도하는 지배자와 같은 존재인가요? 혹은 무엇
이든 당신이 말하는 대로 들어주는 시종 같은 사람인가요?

당신에게 돈이란 대체 어떤 존재인가요?

먼저 정답을 말씀드리면 돈의 **진실한 모습은 바로 당신** 자신입니다.

당신의 에너지를 3차원적 형태로 표현하여 '투영'한 것이 당신의 돈입니다.

돈은 당신의 진정한 모습을 반영해 주는 '거울'과 같아요. 당신이 돈을 통해 보는 것은 자기 자신의 진정한 모습일 뿐입니다.

그러므로 지금 당신의 돈 상태는 스스로의 내면 상태를 충실히 반영하고 있다고 할 수 있어요.

그런 의미에서는 누구나 자기 자신에게 딱 맞는 돈의 상태를 선택하고 있는 셈이지요.

지금, 이 상태에서 모두가 자신이 생각하는 대로 돈의 은총을 받고 있는 것입니다.

그 사실을 제대로 인정하고 솔직하게 받아들이는 것이 무엇보다 중요해요.

우리는 막연히 부자를 동경하는데 본래 에너지인 돈을 소유하는 것은 불가능합니다.

우리가 '부자'라고 생각하는 사람은 '많은 에너지를 소유한 사람'이 아니라 '더 큰 에너지를 잘 순환시키는 사람' 즉 '금전 회전'을 잘하는 사람이라고 할 수 있습니다.

저마다 장단점이 있고 잘하고 못 하는 것이 있는 것처럼 돈을 잘 다루는 사람과 그렇지 못한 사람이 있습니다.

그런데 돈을 잘 다루는 사람, 금전 회전에 능한 사람이라고 해서 반드시 풍요로워지고 행복해지는 것도 아니에요. 물론 돈을 잘 다루지 못한다고 해서 풍요나 행복을 갖지 못하는 것도 아닙니다.

어떤 의미에서는 돈을 잘 다루지 못하고 금전 회전이 서투른 사람에게 많은 돈이 모여서 그것을 관리하거나 운용해야만 하는 상황에 처한다면, 본인으로서는 더 힘들고 불행한 상황이라고 할 수 있을지도 모르겠습니다.

아우라라고 불리는 에너지도 저마다 다르듯, 내게 맞는 돈 에너지의 질과 양이 존재합니다.

그것은 사람마다 다 다릅니다. 당신에게는 지금의 돈 에너지가 질과 양 면에서 딱 알맞습니다.

그러니 그것을 누군가와 비교하는 것은 의미가 없어요. 비교해 봐도 소용이 없는 것을 비교하는 것 자체가 불행의 시작입니다. 그것이 스스로를 괴롭히는 최대의 원인이 됩니다.

지금보다도 돈을 더 많이 갖고 싶다면, 돈을 끌어당기기 위한 노하우나 기술을 익히는 것보다는 자신의 에너지 질량을 높이고 더 큰 돈 에너지가 찾아와도 될 만한 사람으로 성장해야 합니다.

모두가 기뻐할 만한 돈 사용처를 준비하고, 지금 가진 것에 감사하며, 미소와 감사의 에너지를 주위에 던져주세요.

돈을 물건으로 보기 때문에 '사용하면 사라진다', '줄어드는 것이 두렵다'라고 여기는 것입니다. 그런 생각이야말로 우주로부터 돈의 흐름을 막아버리는 무서운 착각입니다.

돈의 본질은 물건이 아니라 순환 에너지입니다.

사용해도 사라지지 않고 줄어들지도 않아요. 없어진 것이 아니라 다른 무언가로 변한 것뿐입니다. 줄어든 것이 아니라 자신에게서 다른 장소로 이동한 것뿐입니다.

'에너지 보존의 법칙'에 따라 돈 에너지는 형태가 바뀌었을 뿐 사라지지 않았어요.

돈을 에너지로 생각하고 기꺼이 나눌수록 그 에너지는 더 많은 사람에게 전달되고, 더 많은 사람의 기쁨에 이바지하며, 주변에 풍요로움이 확대되고 전파됩니다.

맞습니다. 돈을 나누면 나눌수록 풍요로움은 확대됩니다. 더 많은 사람의 기쁨과 풍요로움에 이바지한 사람에게 더 많은 에너지가 돈으로 되돌아오는 것은 매우 자연스러운 일입니다.

저는 돈이 응원 티켓, 인기투표권과 같다고 생각해요.

돈을 써서 물건이나 서비스를 구입하는 것은 그 물건과 서비스를 제공하는 개인이나 기업에 깨끗한 한 표를 던지는 것과 같아요.

세상에 존재하는 별만큼 많은 물건과 서비스 중에서 돈을 내고 구입한다는 것은 당신이 그 물건과 서비스를 넘버원으로 인정했다는 뜻입니다.

그러니 돈은 넘버원을 결정하기 위한 인기 투표지와 같다고 할 수 있어요.

개인이나 기업이 이익을 내고 더 큰 성장을 하는 것은 그만큼 많은 사람에게 지지와 응원을 받고 있다는 증거입니다. 돈이라는 이름의 인기 투표권, 응원 티켓을 쥐고 있는 사람은 소비자인 우리입니다.

우리가 그 투표권을 어떤 물건과 서비스에 투표할지, 그 티켓을 사용해 어떤 개인과 기업을 응원할지에 따라 사회가 크게 변화합니다.

당신이 어디서 무엇을 사는지, 돈을 어디서 어떻게 사용하는지는 우리 생각보다 더 큰 의미가 있습니다. 부자가 된다는 건 더 많은 사람과 기업을 응원할 수 있는 입장에 선다는 것이지요.

많은 응원 티켓, 인기 투표권을 행사할 권리를 갖는다는 것입니다. 풍요로워지면 그만큼 사회에 더 큰 영향력을 가지게 됩니다.

그래서 저는 많은 사람이 부자가 되어 기분 좋게 돈을 회전시키고 풍요로움의 에너지를 사회에 환원시켜 주기를 바랍니다.

지금까지 배운 대로 돈은 우리의 의식 에너지 자체이며, 그 에너지의 대부분은 공급원을 거슬러 올라가면 우주에 도달합니다.

우주는 '무한한 풍요로움'으로 넘쳐흐릅니다.

우주는 우리에게 지구라는 별, 우리의 생명과 육체, 태양의 빛과 공기, 물, 식량 등도 자연의 혜택이라는 형태로 모두 무상으로 제공해 주고 있는 것입니다.

그런 넉넉한 인심을 가진 우주의 입장에는 돈 옮기는 일쯤은 아무것도 아닐 거예요.

그런 우주의 '무한한 풍요로움'이 우리 곁으로 흘러들어오는 것을 방해하는 것이 있다면 그것은 단 한 가지, 바로 우리 자신, 우리 자신의 의식뿐입니다.

아주 넉넉한 인심을 가진 우주는 언제 어디서 누구에게라도 무제한으로 돈과 풍요로움을 제공할 준비가 되어 있는데, 우리 스스로의 작디작은 의식이 받기를 거부하고 있는 거예요.

이 사실을 깨닫지 못하는 한, 돈에 대한 스스로 의식을 바꾸지 못하는 한, 아무리 많은 시간이 흘러도 또 어떤 노하우를 익히고 아무리 많은 돈을 갖는다고 해도 돈 걱정은 사라지지 않을 겁니다.

다시 말해 돈에 대한 의식이 바뀌면 돈에 대한 걱정은 말끔히 사라집니다. 그 순간 그야말로 돈 걱정에서 해방되는 것이지요.

돈에 대한 의식이 바뀌었다고 해서 당장 큰 부자가 되는 건 아닐지도 몰라요.

흘러들어오는 돈의 양은 그 사람이 가진 돈의 그릇에 따라 다르므로 의식이 바뀌었다고 해서 누구나 당장 큰 부자가 되는 것은 아니며, 그럴 필요도 없습니다.

거듭 말하지만, 우주는 항상 무한한 풍요로움으로 흘러넘칩니다.

우리가 해야 할 일은 그 속에서 자신에게 가장 알맞은 크기의 돈과 행복, 풍요로움을 선택하는 것입니다.

모든 사람에게는 제 그릇의 크기에 맞는 풍요로움이 준비되어 있습니다.

　풍요로움을 누군가와 비교하거나, 다투거나, 돈을 독점하려고 하거나, 과하게 움켜쥐려고 할 필요는 전혀 없습니다.

　지금까지 함께 수업을 들었으니 충분히 이해하셨을 거예요.

　마지막으로 '무담보, 무기한, 무이자, 무변제, 무제한'이라는 넉넉한 조건으로 당신에게 돈을 빌려주는 우주 은행에 접속하기 위한 접속 코드, 비밀번호를 살짝 알려드리겠습니다.

　우주 은행에 접속하는 비밀번호는 바로 '숫자, 색, 말'입니다.

　먼저 '숫자'에 대해 말씀드리면 이미지를 연상시키기 쉬울 것입니다. 모든 돈은 숫자로 표현되고 있고, 실제로 은행에서 돈을 인출할 때의 비밀번호나 통장에 기재되어 있는 것도 그저 숫자에 지나지 않습니다.

　숫자 중에서도 우주 은행에 접속하고 풍요로움을 끌어들이는 효과가 높은 숫자는 바로 '8'과 '0'입니다.

　실제로 가격에는 '8'과 '0'이 많이 쓰입니다.

　이들 숫자에 '풍요로움'을 증폭시키는 효과가 있기 때문인데요.

부디 당신도 이 숫자들을 의식적으로 사용하고 주변에 놓아두어 풍요로움의 에너지를 끌어당겨 보세요.

다음은 '색'입니다. 색은 본래 파동이고 에너지입니다.

그래서 의식 에너지인 돈과 색은 떼려야 뗄 수 없는 관계입니다.

그중에서도 돈을 끌어당기는 힘이 강한 색은 바로 골드와 실버입니다.

무지개 일곱 색깔도 추천합니다. 이러한 색의 근원을 찾아보면 모두 '빛'에 도달합니다.

'빛'을 프리즘으로 나누어 보면 무지개의 일곱 색깔이 나타나요.

골드와 실버도 빛을 나타낸 색일 뿐입니다. 그러니 골드와 실버, 무지개의 일곱 색깔을 가까이에 하면 스스로 빛을 발하게 되고 풍요로움의 파동이 상승하여 우주 은행과 연결되기 쉽습니다.

마지막은 '말'인데, 이것은 다름이 아닌 주문입니다.

우주 은행의 문을 열기 위해서는 주문이 가장 효과적입

니다.

주문에 대해서는 수업을 진행하며 반복해서 말씀드렸지요.

우주에 대고 갖고 싶은 것을 주문할 때는 '**완료형**', '**현재 진행형**'으로 말하세요.

이미 원하는 것을 받은 사람처럼 감사의 말을 전하는 것이 우주 은행에 접속하기 위한 비결입니다.

숫자, 색, 말.

이 세 가지를 사용하면 우주 은행에 의외로 쉽게 접속할 수 있으므로 마음껏 사용하고 무한한 풍요로움을 끌어당겨 보세요.

오늘의 수업은 여기까지고 내일은 마지막 수업이 있는 날입니다.

아쉽지만 내일 수업을 기대하며 오늘은 이쯤에서 마치겠습니다.

모든 사람에게는 자기 그릇에 맞는 '풍요'가 준비되어 있다

돈이란?

애인?

지배자?

시종?

돈은 바로 당신입니다!

진정한 모습을 비춰주는 '거울' 같은 존재

- 다른 사람과 비교하기 말 것
- 독점하지 말 것
- 과도하게 쥐고 있으려 하지 말 것

돈이 좋아하는 7가지 말의 주문

238

내가 달라지면 돈 에너지도 달라진다

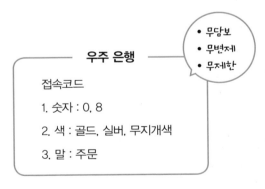

풍요 확대

모든 사람에게 제 그릇의 크기에 맞는
'풍요로움'이 준비되어 있다!

우주 은행
- 무담보
- 무변제
- 무제한

접속코드
1. 숫자 : 0, 8
2. 색 : 골드, 실버, 무지개색
3. 말 : 주문

무한한 풍요로움을 끌어당기는 방법을
살짝 알려드립니다

13일 차 · 수업 편

돈 걱정에서
해방된 세상을
살겠다고 정하다!

안녕하세요. 오늘이 이 수업의 마지막입니다.

2주 전에 처음 수업을 시작했을 때와 지금을 비교하면 무언가 변화가 있나요? 돈에 대한 시각, 사고방식, 돈을 취급하는 방법 등에 무언가 변화가 생겼나요?

2주간의 수업만으로 모든 것이 바뀐다고 말하지는 않겠지만, 수업 내용을 이해하고 실천 사항 등을 순순히 실천했다면 분명히 인생이 달라질 겁니다.

어쩌면 어디선가 갑자기 돈이 쏟아지는 일이 있을지도 몰라요. 결코 꿈같은 이야기가 아닙니다. 제가 실제로 경험했으니까요.

특히 2012년 12월 '의식(차원 상승)'의 정점을 지나면서 2013년 이후에는 많은 사람이 진정한 '풍요로움'에 눈을 뜨고, 지금까지와는 다른 '풍요로움'의 흐름이 급격히 가속화됩니다.

더 이상 돈만을 쫓는 시대는 아닙니다.

돈도 물론 중요하지만, 더 중요한 것은 나답게 풍요롭고 행복하게 사는 것입니다. 돈은 그런 삶을 실현하기 위한 도구에 지나지 않습니다.

그러기 위해서 돈을 더 잘 알고, 돈과 친해지고, 자신에게 딱 맞는 돈, 행복과 풍요로움을 마음껏 끌어 당겨보세요.

지금까지 '돈의 본질'에 대해 다양한 각도에서 공부해 보았습니다.

그중에는 이미 알고 있던 사실도 있고 처음 듣는 이야기도 있었을 거예요.

물론 제 생각이 절대적으로 옳다고 주장할 생각은 추호도 없습니다.

제가 체험한 것은 진실이지만, 그것을 어떻게 해석할지는 분명 사람마다 다를 테니까요. 무엇이 정답이고 무엇이 틀렸다고 단정 지을 수 없습니다.

이 수업에서 전달한 것도 '모두 믿으세요' '반드시 실천하세요'라고 강요할 생각은 없어요. 당신의 판단에 따라 좋다고 생각하는 것만 '취사선택'하면 됩니다.

다만 이 수업의 순서는 아무렇게나 짠 것이 아닙니다. 공부한 내용에 대해서는 스스로 판단해서 취사선택을 해도 됩니다. 그러나 수업의 순서는 의미가 있으니, 다시 한번 되돌아볼 때도 귀찮더라도 되도록 1일 차부터 순서에 따라 수업과 실천 사항을 반복해 보길 바랍니다.

1일 차에서 돈은 우리의 의식 에너지 그 자체라는 것을 배웠습니다.

이는 이 수업 전체를 관통하는 토대, 근간이 되는 매우 중요한 사고관입니다.

실제로 우리는 돈의 본질에 대해 아무것도 모르는 상태였습니다.

자기도 모르는 사이에 많은 잘못된 가치관과 왜곡된 생각을 갖고 있었습니다.

이러한 돈에 대한 부정적인 인식이 바뀌지 않는 한 풍요롭고 행복하게 사는 것은 불가능합니다. 돈과 관련된 현상을 바꾸려면 먼저 돈에 대한 우리의 의식을 바꿔야 해요.

2일 차에는 '30억 원의 사용처'를 통해 돈에 대한 현재의 가치관을 확인하고, 부정적인 가치관이 더 이상 확대되지 않도록 하는 첫 번째 마법의 주문, '괜찮아. 어떻게든 될 거야!'를 배웠습니다.

이 주문을 말하면 돈에 대한 걱정과 불안, 공포, 부정적인 감정이 폭주를 중단하고 스스로 현재 위치를 분명히 인식하고 멈춰 설 수 있습니다.

3일 차에는 돈에 대한 부정적인 사고방식에서 자신을 구출하자는 주제로 그동안 상식이라고 생각했던 돈에 대한 가치관을 재점검했습니다. 부모님으로부터 물려받았던 돈에 대한 오해로부터 스스로를 해방시키기 위한 방법과 복권에 당첨되어도 행복해지지 못하는 세 가지 이유 등도 배웠습니다.

4일 차에는 '세상이 만약 100명의 마을이라면'이라는 메시지를 통해 지금 가진 것의 소중함을 배우고, 자기 주변에 있는 물건을 돈으로 환산해 보는 등의 연습을 통해 이미 풍요로움의 혜택을 받고 있음을 스스로 확인했습니다. 이것을 스스로 인정하기 위한 두 번째 마법의 주문이 '돈은 있다!'였지요.

5일 차에는 '내놓는 것이 먼저, 받는 것은 나중'이라는 우주의 법칙을 배웠습니다.

석가모니가 제자에게 알려주신 '탁발의 의미'에 따라 내가 먼저 내놓는 것의 중요성을 배웠는데, 기억하시나요? 돈 역시 '에너지 보존의 법칙'이 적용되므로 기부 등 직접적인 보상을 바라지 않고 돈을 내놓는 것이 풍요로움을 끌어들이는 비결이라고 배웠습니다.

6일 차에는 '기꺼이 내놓는 습관에 도전한다'는 주제로 '무재칠시(無財七施)' 등 가진 것이 없이도 할 수 있는 에너지를 내놓는 방법을 배웠어요. 구체적인 실천 사항으로는 '신사에 기부하기'의 효과에 대해 배웠는데, 실제로 도전해 보셨나요? 이때 세 번째 마법의 주문인 '저는 제가 가질 수 있는 에너지를 기분 좋게 내놓고, 찾아오는 에너지를 기꺼이 받아들입니다'라고 말함으로써 스스로를 다시 한번 바르게 세뇌시키는 것이 중요한 비법이었습니다.

7일 차는 '인생에 기적을 일으키는 마법의 주문'이라는 주제로 저의 실제 경험을 소개했습니다. 정말로 그런 일이 있느냐고 생각할지도 모르겠지만, 제가 경험한 이야기는 한 치의 거짓도 없는 사실입니다. 물론 이 실화를 어떻게 해석할지는 당신에게 달렸습니다.

8일 차에는 '감사합니다'라고만 말하면 된다…!?'라는 주제로 더 충격적인 실화를 소개했습니다. 그런 체험을 하고 나면 돈 걱정이 사라질 법 하다는 생각이 들지 않나요? 당신도 체험해 보고 싶지 않나요?
제가 네 번째 마법의 주문인 **'감사합니다'**라고만 말하면 된다고 주장하는 것도 납득하실 거라 믿습니다.

9일 차에는 '풍요를 받아들일 준비하기'라는 주제로 돈이 들어올 그릇을 먼저 준비해 두는 것의 중요성을 배웠습니다. 또 그러기 위해 내면과 외면 모두 아름답고, 밝고, 가볍고, 자유로운 존재로 있어야 한다는 것을 배웠어요.

10일 차에는 주위에 아무것도 없는 공간을 마련하기 위한 구체적인 실천 사항으로 화장실 청소의 중요성과 정리 정돈, 청소를 철저히 하고, 방 안의 공백률을 높이는 것이 풍요로움을 끌어들이는 비결이라는 것을 배웠습니다.

또 다섯 번째 마법의 주문 '저는 우주의 무한한 풍요로움을 받아들일 준비가 되어 있습니다'를 말하는 것이 풍요로움의 에너지를 받을 준비가 되었다는 신호라고 배웠습니다.

11일 차는 '풍요의 에너지를 돈으로 바꾸는 방법'으로 돈이 흘러들어오는 파이프를 굵게 하고 돈이 들어올 경로를 늘리는 두 가지 접근 방법이 있다는 것을 배웠습니다.

12일 차에는 '당신의 지갑이 당신의 금전운을 좌우한다'라는 주제로 돈의 상징인 지갑을 바꾸는 연습을 통해 돈이 흘러들어오는 경로를 늘리고 파이프를 굵게 하기 위한 구체적인 접근법에 도전해 보았습니다.

지갑을 바꾸셨나요? 이때 여섯 번째 마법의 주문 '저는 제가 정말 좋습니다. 저는 제 지갑이 정말 좋습니다. 저는 돈이 정말 좋습니다' 하고 말함으로써 자기 자신과 지갑과 돈을 모두 사랑하는 것을 스스로 허용했습니다.

13일 차에는 '모든 사람에게 자기의 그릇에 알맞은 풍요로움이 준비되어 있다'라는 주제로 돈은 자기 자신의 투영이며, 의식이 달라지면 돈의 흐름과 풍요로움의 에너지도 달라진다는 것을 배웠습니다.

나아가 우주는 늘 '무한한 풍요로움'으로 흘러넘치며 돈은 응원 티켓, 인기투표권과 같은 것이므로 금전 회전을 잘하는 사람이 되는 것이 이 수업의 한 가지 목표라고 배웠습니다.

마지막으로 우주 은행에 접속하는 코드는 숫자, 색, 주문, 이 세 가지이며 이것을 활용함으로써 무한한 풍요로움을 끌어들일 수 있다고 배웠습니다.

이상은 이 수업 프로그램을 통해 함께 배워온 내용을 정리한 핵심 내용이었습니다.

이 수업 프로그램은 운전교습소에서 운전을 배우는 것과 같아요.

먼저 자신의 현재 위치를 인정하고 멈춰 서는 것에서 시작해서 잘못된 길(돈에 관한 부정적인 가치관)에서 바른 길(돈에 관한 올바른 지식)을 향해 핸들을 꺾습니다. 그리고 다양한 기술 즉 실천 사항과 마법의 주문을 구사하여 효율적이고 쾌적한 운전 기술을 익혀 더 빠르게 목적지(자신에게 딱 맞는 풍요롭고 행복한 인생)로 안내하는 것을 의도하여 정리했습니다.

지금까지 돈 걱정을 없애기 위해 최소한으로 필요한 지식과 기술은 대부분 전달했습니다. 이제 배운 지식과 기술을 구사해서 스스로의 인생이라는 길을 실제로 운전해 보면 됩니다.

아무리 멋진 지식과 훌륭한 기술이 있어도 그것을 사용해 실제로 달리지 않는다면 그 효과를 실감할 수 없을 것이고, 아무리 시간이 흘러도 목적지에 도달할 수 없습니다.

자, 이제 이 수업의 마지막인 일곱 번째 마법의 주문을 소개하겠습니다.
'제 몸에 모든 풍요로움이 눈더미처럼 쏟아지고 있습니다'

이 주문은 아침 일찍 떠오르는 태양을 향해 말하면 특히 더 효과가 있습니다.

주문을 말할 때는 두 손을, 하늘을 향해 크게 벌리고 손 바닥을 통해 우주의 무한한 풍요로움을 받아들인다고 생각하며 세 번 정도 반복해서 말하면 됩니다.

밤에 잠들기 전, 같은 포즈로 이 주문을 세 번 말한 후 자신의 가슴에 손을 대고 '자신이 생각한 돈과 풍요로움, 행복을 손에 넣은 모습'을 그려보세요.

모든 것이 자신의 생각대로 된 후의 세계를 그려보는 것입니다.

그때 당신 옆에 누가 있나요? 당신은 어떤 집에 살고 있나요? 살고 있는 장소는 어디인가요? 무슨 일을 하고 있나요? 되도록 구체적으로 그려보세요.

이 이미지가 구체적일수록 실현될 확률도 틀림없이 높아질 테니까요.

당신이 그려볼 수 있는 건 실현 가능한 꿈이기 때문입니다.

당신의 바람은 우주의 바람입니다.

이제 남은 것은 그 꿈이 이루어지는 것을 스스로 허가해주는 것뿐입니다.

당신도 우주의 무한한 풍요로움을 마음껏 받아들이고, 진정으로 나답게 풍요롭고 행복하게 사세요.

그것이 우주에, 그리고 세계에, 또 사회에 기여하는 길입니다.

그것이 주변 사람들을 풍요롭고 행복하게 만드는 비결입니다.

당신이 돈 걱정에서 벗어나 진실로 자유로운 세상을 사는 것은 바로 지금부터입니다.

몸에 모든 풍요로움이 눈사태처럼 쏟아지고 있습니다.

14일 차 수업

돈 걱정에서 해방된 세상을 살겠다고 결심하다!

14일간의 수업 프로그램은
운전을 배우는 것과 같아요

1. 멈춰 서서 현재 위치를 확인하기
2. 잘못된 길→바른 길로 핸들 꺾기
3. 실천 사항과 주문을 통해 기술 익히기
4. 목적지까지 최단 경로를 안내

〈실천 사항〉

우주의
무한한 풍요로움

"제 몸에
모든 풍요로움이 눈더미처럼
쏟아지고 있습니다!
× 3회"

1. 두 손을
하늘을 향해 벌리고
세 번 말하기

예뻐졌네

구체적으로
여성을 위한 ○○○

2. 모든 것이
내 생각대로 이루어진
세상을 상상하기

14일 차 · 실천 편

우리 인생의 3대 고민거리가 바로 '인간관계', '건강', 그리고 '돈'입니다.

　이 세 가지 고민은 복잡하게 얽혀 있으며, 어느 한 가지만 단독으로 성립되어 있지는 않아요.

　'인간관계'의 문제는 상대방이 존재하기에 자신 혼자서는 어찌할 수 없는 '한계'가 있습니다.

　'건강' 문제 역시 사람은 모두 수명이 정해져 있으며 죽음을 피할 수 없으므로, 이 문제도 완전히 해결하기란 불가능할지도 모릅니다.

　하지만 '돈' 문제는 우리 자신이 만들어 낸 것입니다.

　인간이 돈이라는 것을 만들어 냈거든요.

즉 우리 스스로 해결할 가능성이 가장 높은 문제라고 할 수 있어요.

그리고 '돈' 문제가 해결되면 그 외의 '인간관계'나 '건강' 문제 역시 상당 부분 사라집니다.

'부잣집에 싸움 없다'라는 말처럼 어느 정도 여유가 생기고 돈 걱정이 사라지면 인간관계의 심각한 문제에 휘말릴 일도 없어질 거예요. 풍요롭고 쾌적한 생활환경이 보장되고 의료비를 걱정할 필요도 없어지면 건강에 관한 문제 역시 크게 줄어듭니다.

그 밖에도 돈으로 해결할 수 있는 문제는 많아요.

빈곤과 기아, 전쟁과 범죄, 환경파괴 등도 거슬러 올라가 보면 경제적 문제, 즉 그 한가운데는 돈 문제가 떡 하니 자리하고 있다는 말입니다.

그러니 돈 걱정이 사라지면 모든 문제가 제로에 가까워져요. 저는 단 한 명이라도 돈 걱정에서 해방되는 사람을 늘리는 것이 지구를 구하는 길이라고 믿습니다.

그런 마음으로 이 수업 프로그램을 정리했어요.

사람은 막연히 부자를 동경하지만, 실제는 그렇지 않습니다.

'부자가 되고 싶다'는 마음 이면에 감춰진 본심은 '돈 걱정, 불안, 고민에서 **해방되고 싶다**'에 가깝습니다.

필요로 할 때 필요한 만큼의 돈이 있다면 누구든 곤란하지 않을 것이고, 서로 돈을 빼앗으려 하거나 필요 이상으로 모으려고 하지 않겠지요.

그것이야말로 이상적인 세상, 정말로 평화롭고 행복한 사회라고 할 수 있을 거예요.

수업을 통해 배운 대로 사람은 저마다 적합한 '돈 에너지의 양', '돈의 그릇'이 엄연히 존재합니다.

그것은 제각기 달라요.

우리는 필요한 때에 필요한 만큼의 에너지가 있으면 됩니다.

그리고 이 우주에는 누구에게나 자신에게 딱 맞은 그릇의 돈과 풍요로움이 마련되어 있어요.

이 사실을 깨달으면, 진심으로 이해하면 그 순간부터 돈 걱정이 사라지고 돈 문제에서 해방될 겁니다.

다른 누구도 아닌 당신부터 말입니다.

당신의 돈 걱정이 사라지고, 돈 문제에서 해방되어 진정으로 풍요롭고 행복한 인생을 사는 것이 무엇보다 중요합니다. 그것이 가족과 친구, 동료와 주위 사람들. 전 세계의 사람들을 풍요롭고 행복하게 만드는 첫걸음이니까요.

이 수업을 통해 당신이 느낀 점, 깨달은 점, 좋았던 점, 반가운 변화, 기적적인 경험이 있다면 꼭 들려주세요.

당신의 감상과 경험담이 다음에 수업을 들으려는 사람의 '길잡이'가 됩니다.

그렇게 긍정적인 에너지를 먼저 내놓고 나누면 다시 당신에게 긍정적인 에너지, 돈과 풍요, 행복이 찾아올 것이라 믿어요.

괜찮습니다. 당신은 반드시 풍요로워질 거예요! 아니, 이미 풍요롭습니다.

우주의 '무한한 풍요로움'에 눈뜬 당신에게 모든 풍요로움이 눈더미처럼 영원히 쏟아지기를 진심을 담아 바라며, 깊은 감사를 드립니다.

– 하즈키 코에이

나오며

돈이 좋아하는 7가지 말의 주문

초판 1쇄 인쇄 2024년 11월 16일
초판 1쇄 발행 2024년 11월 23일

지은이 하즈키 코에이
옮긴이 황미숙
펴낸이 엄남미
펴낸곳 케이미라클모닝
디자인 최치영
편집 김재익

등록 2021년 3월 25일 제2021-000020호
주소 서울 동대문구 전농로 16길 51, 102-604
이메일 kmiraclemorning@naver.com
전화 070-8771-2052

ISBN 979-11-92806-28-0 (03320)